MÉMOIRE

SUR LES

TERRES VAINES ET VAGUES

ET LES BIENS COMMUNAUX.

MÉMOIRE

SUR LES

TERRES VAINES ET VAGUES

ET LES BIENS COMMUNAUX

ET EN PARTICULIER SUR LES PROPRIÉTÉS DE CETTE NATURE

SITUÉES

DANS L'ANCIENNE PROVINCE DE BRETAGNE;

PAR M. H. L. L. NADAUD,

AVOCAT GÉNÉRAL DU ROI A LA COUR ROYALE DE RENNES

. . . . *Non gloria nobis*
Causa sed utilitas officium que fuit.
(Ovid. de Ponto, Lib. 3. Eleg. 9.)

A NANTES,

IMPRIMERIE, LITHOGRAPHIE ET LIBRAIRIE
DE MELLINET-MALASSIS.

M. DCCC XXVIII.

PRÉFACE.

PAR un programme à la date de décembre 1826, la Société Académique de Nantes proposa un concours relatif à la législation des biens communaux, des terres vaines et vagues de la province de Bretagne. Elle offrit, pour prix, une médaille d'or, et présenta les questions suivantes :

1.° *Quelle était l'ancienne législation Bretonne sur la matière des communaux avant* 1789;

2.° *Quels étaient les moyens offerts, par cette législation bretonne, pour en faire des propriétés privées et les obstacles qui pouvaient contrarier le développement de ces moyens?*

3.° *Quelles sont les modifications apportées à cette législation par les lois postérieures à* 1789 ?

4.° *Quels sont aujourd'hui, en Bretagne,*

les corps ou les collections d'individus que la législation répute propriétaires de la plupart ou de toutes les terres vagues et décloses, et quels moyens sont offerts par l'organisation actuelle pour faire cesser la possession commune? Quelles sont les difficultés les plus habituelles et les inconvénients qui se présentent dans l'application de ces moyens?

5.° *Quels modifications, changements ou innovations, conviendrait-il d'apporter à la législation existante, pour conduire plus promptement et plus facilement au but désiré de la cessation de la compascuité et de la mise en culture des terres communes?*

J'ai tenté de résoudre ces questions. Mes efforts ont obtenu un heureux résultat. Dans sa séance publique du 30 novembre 1828, la Société a décerné à mon mémoire une médaille d'argent. La médaille d'or a été donnée à un de mes concurrents. J'applaudis à cette décision. Je ne connais pas encore le travail de M. Colombel, mais je suis convaincu, d'après la réputation de l'auteur et le rapport de la commission, que la préférence qui lui a été accordée, doit être considérée comme un acte de justice. Le rapport dont je viens de parler renfermant cependant une grave erreur dans une observation de critique qui a été faite à mon égard, je ne puis me dispenser de présenter quelques réflexions sur cette observation, unique motif, à ce qu'il paraît, de la détermination qui m'a placé au 2.e rang.

Je vais d'abord consigner ici le texte même de ce rapport.

« Cinq compositions, toutes remarquables par un degré quelconque de mérite, dit M. le rapporteur, sont résultées de ce concours.

. . . .

» Les trois compositions qui ont été distinguées et qui portent, dans l'ordre de présentation, les n.os 1, 2 et 5 (1), offraient des qualités diverses et néanmoins assez brillantes pour motiver tout d'abord la résolution unanime qui a été prise par la commission, juge du concours, de décerner le prix.

---

(1) La composition n.° 1, est celle de M. Colombel, avocat à Nantes. La mienne portait le n.° 2, et celle de M. Lemerle, aussi avocat à Nantes, le n.° 5.

» Il restait à choisir, entre trois ouvrages dignes du prix[1], celui qui devait obtenir la préférence, et ici naissait l'embarras de la commission.

» D'un côté, chacune des compositions se distingue, comme on vient de le dire, par des qualités différentes, et, d'un autre côté, la question proposée étant multiple et se divisant en cinq autres, l'infériorité d'une composition sur une des parties du sujet se trouvait contrebalancée par sa supériorité sur d'autres.

» En général, les qualités dominantes des compositions ont été ainsi jugées :

» Le n.° 1 a paru écrit plus agréablement, plus clairement. L'auteur marche droit au but et y arrive avec une rectitude qui annonce un coup-d'œil sûr et une expérience consommée. Mais il est inférieur au second pour la solidité des doctrines et l'étendue des recherches.

» Le n.° 2 est plus savant, plus élaboré. L'auteur semble mieux entendre la facture d'un livre, dont son ouvrage a la forme, et il eût pu aspirer à la première place, si, comme on le dira bientôt, il n'avait semblé s'être mépris sur le but du concours en traitant la 5.° question.

» Enfin le n.° 5 offre les caractères d'un bon mémoire judiciaire, méthodique, plein de recherches curieuses, appuyé sur les documents de la jurisprudence, mais sans aucun des avantages littéraires qui distinguent les deux compositions rivales.

» En résumé, le n.° 1 a mieux atteint le but d'amélioration ; le n.° 2, le but historique ; le n.° 5, le but pratique ou l'exposition de l'état de la jurisprudence.

Descendant de cet examen général à celui de la manière dont chaque question a été traitée par chaque concurrent, la commission aurait pu y puiser encore d'autres motifs d'incertitude.

Les compositions n.os 1 et 2 ont un préambule historique ou littéraire qui manque au 5.e ; il y a plus d'imagination dans celui du n.° 1 ; plus de goût et de science dans celui du n.° 2.

Le n.° 5 a mieux traité la première question, celle qui consiste à décrire l'ancienne législation sur les communaux.

» Les 2.e, 3.e et 4.e questions étaient traitées par chacun d'une manière tellement balancée, que la solution fût devenue presque impossible, si la commission n'avait trouvé juste de chercher cette solution dans l'utilité des questions, et de couronner celle des compositions qui aurait le mieux traité la question la plus importante.

» Or, il n'y avait pas de doute sur l'importance des questions, et il était évident que la cinquième, par laquelle on demandait aux concurrents d'indiquer les améliorations dont la législation existante serait susceptible, était la plus importante du concours, ou, pour mieux dire, était à elle seule tout le concours.

» C'est donc particulièrement à la manière dont cette question a été traitée qu'on a dû décerner le prix.

» Ici, la composition n.° 2 s'est presque complétement écartée du sujet et d'une manière véritablement surprenante. Après avoir reconnu, avec ses autres concurrents, qu'en Bretagne il n'existait presque pas de communaux proprement dits, et que les terres vagues et décloses y appartiennent le plus souvent à ces agglomérations d'anciens vassaux inféodés qu'on a ci-devant indiquées, tous les efforts de son imagination se dirigent vers les moyens d'amener les autorités chargées de la conservation des droits et des biens des communes, à se prononcer pour le partage ou pour la vente des biens communaux ; de sorte que les remèdes qu'il propose ne sont pas applicables au mal qu'il avait si doctement et si sagement signalé ».

. . . .

« D'après l'analyse qu'elle vient de donner des motifs de sa détermination, la commission a proposé de décerner la médaille d'or formant le prix à la composition n.° 1, ayant pour dévise, *la terre produirait partout peut-être*, etc., et vu le mérite des compositions n.os 2 et 5, l'une ayant pour dévise *non gloria nobis causa*, etc., et l'autre *labori faber*, etc., de décerner à chacun des auteurs de ces compositions une médaille d'argent».

Tel est le texte du rapport qui a été fait à la Société Académique. J'avoue que je suis encore à concevoir le reproche que la commission m'a adressé relativement à la manière dont j'ai traité la 5.e question. Quelques observations suffiront pour le renverser entièrement.

Il est inexact d'avancer que j'aie dit qu'il existait aujourd'hui peu de communaux en Bretagne. J'ai bien fait une remarque de cette nature, mais elle ne se rapporte qu'à l'ancienne législation et nullement à ce qui est établi sous l'empire de la nouvelle. J'aurais pu cependant sans me tromper *en droit*, émettre cette assertion, attendu que dans le territoire de la plupart des anciennes seigneuries on trouverait des vassaux inféodés ; mais j'aurais commis une erreur *en fait* car, soit par suite de l'inaction ou de l'ignorance de ces vassaux, soit par suite de la perte de leurs titres, il est certain qu'un assez petit nombre a réclamé et que les communes se sont mises en possession des terres vaines et vagues, qui dès-lors sont devenues biens communaux ou du moins sont possédées sous cette dénomination. Remarquons d'ailleurs que quand bien même le nombre des communaux serait peu considérable dans la province, cette considération ne serait point une raison pour que l'on ne s'en occupât pas, puisqu'ils présentent des *possessions communes* et qu'ils rentrent par conséquent dans la série et l'économie des questions qui ont été posées.

En lisant ces questions, j'ai pensé avec plusieurs hommes éclairés auxquels je les ai communiquées (et nous persistons encore aujourd'hui dans notre opinion) que la 5.me et une portion de la quatrième ne s'appliquaient et ne pouvaient régulièrement s'appliquer qu'aux biens appartenant aux communautés d'habitants, soit que ces habitants forment une commune entière, soit qu'ils ne composent qu'*une simple section* (1). J'ai cru que la Société Académique, après avoir demandé sur les quatre premières questions des solutions d'un intérêt particulier à la province, voulait avoir sur la dernière une solution d'un intérêt général; et l'on conviendra que la manière dont la rédaction est faite, devait me jeter dans cette erreur, si tant est que je me sois trompé, mais les considérations que je vais indiquer démontreront que la méprise appartient tout entière à la commission qui nous a jugés.

Les lois révolutionnaires ont créé en Bretagne deux classes de propriétaires des terres vaines et vagues. 1.° Les vassaux inféodés; 2.° les communes à défaut d'individus inféodés.

(1) Les biens communaux sont ceux sur la propriété ou le produit desquels tous les habitants d'une ou plusieurs communes, ou d'une section de commune, ont un droit commun. (Art. 1.er de la loi du 10 juin 1793.)

Les vassaux inféodés sont devenus *propriétaires privés* des terres qui leur ont été attribuées, et la législation ne peut avoir aucune autorité sur eux sans usurper un effet rétroactif, ce qui serait contraire à tous les principes. Ces vassaux peuvent partager leur propriété, et s'ils préfèrent ne pas se livrer à cette opération, ils ont le droit de continuer une jouissance commune, ou pour mieux dire indivise. *Les particuliers*, dit l'article 537 du Code civil, *ont la libre disposition des biens qui leur appartiennent sous les modifications établies par les lois.* Or, comme la loi de 1792, qui a donné aux vassaux inféodés la propriété des terres vaines et vagues n'a imposé aucune condition, il résulte de son silence que les propriétaires qu'elle a créés peuvent user, selon leur gré, des biens, objet de la libéralité du législateur, et aucune loi postérieure ne peut établir des modifications à cet égard. Peut-être admettrait-on cependant, que par une loi fondée sur l'utilité publique, on aurait le droit d'ordonner à ces vassaux de partager les biens qui leur ont été attribués, mais à cette mesure se bornerait toute la législation qui pourrait les frapper, et est-ce pour arriver à ce résultat que la Société Académique a proposé un concours; qu'elle a posé la 5.e question? Je ne saurais le penser, la solution eût été trop facile. Des voies administratives, des conseils salutaires seraient plus utiles qu'une loi envers les vassaux inféodés: qu'on leur explique leurs droits; qu'on leur en fasse connaître l'étendue; qu'on leur apprenne qu'ils ont la faculté de ne pas rester dans l'indivision, et l'intérêt privé aura bientôt fait disparaître les landes dont l'aspect nous afflige.

En se pénétrant bien des principes que je viens d'établir, la commission eût reconnu qu'il m'était interdit de m'occuper du sort de ces vassaux devenus propriétaires privés. La question présentée ne devait être examinée que dans l'intérêt des communes auxquelles une législation postérieure à la loi de 1792, ne pourrait, sans injustice, enlever les droits qui leur sont acquis, mais auxquelles cependant le législateur peut imposer un mode de jouissance et d'administration, et auxquelles aussi il peut prescrire des mesures d'aliénation.

Je crois donc avoir bien entendu la question qui était présentée par la Société, et je puis, à cet égard, invoquer encore l'autorité de la commission elle-même. La 5.e question proposée, celle sur laquelle on prétend que j'ai commis une méprise, n'est (si je puis employer cette expression) qu'une annexe de la question précédente. Il est facile de s'en convaincre en les comparant. Après avoir demandé (quest. 4) *quels sont les moyens que l'organisation actuelle présente pour faire cesser la possession commune*, la Société a voulu savoir (quest. 5) *quels seraient les changements qu'il conviendrait d'apporter à la législation existante pour conduire à la cessation de la compascuité et à la mise en culture des terres communes*? Ces questions ont entr'elles la relation la plus intime ; la seconde est la conséquence de la première. Or, avant de traiter celle-ci, j'ai dit dans mon mémoire ;

« *Les termes dans lesquels cette question est posée annoncent suffisamment que je ne puis maintenant m'occuper que des biens communaux et non des terres vaines et vagues qui, d'après les dispositions des nouvelles lois, seraient devenues ou seraient susceptibles de devenir des propriétés privées en faveur des individus qui pourraient se prévaloir d'un contrat de féage ou accensement, ou de ceux qui, en* 1792, *auraient été en possession du droit de communer. Je vais donc examiner la question uniquement à l'égard des terres devenues communales*, etc. ».

Conformément à cette détermination, je ne me suis occupé sur cette question 4 que des biens communaux et nullement de ceux qui appartiennent aux vassaux inféodés. La commission a approuvé mon travail sur ce point (1); elle a donc pensé que les biens communaux devaient seuls être l'objet de mon examen. Comment se fait-il qu'elle ait changé d'avis sur la 5.me question qui, je le répète, est corrélative à la 4.me et en dérive manifestement? Cette variation est *véritablement surprenante.* Je la prie de m'excuser si j'emploie envers

(1) V. le rapport que j'ai cité au commencement de cette préface.

elle les expressions dont elle s'est servie à mon égard.

D'après tous les motifs que je viens d'indiquer, il me semble que j'ai eu raison de ne m'occuper sur la 5.me question que des biens communaux, et je l'ai fait d'autant plus volontiers que mes observations n'étaient plus alors circonscrites dans leur application et qu'elles pouvaient s'étendre à tous les communaux du royaume.

Maintenant que j'ai répondu à l'objection de la commission, il ne me reste plus à remplir qu'un devoir dont je m'acquitte avec empressement. Je remercie la Société Académique de la faveur qu'elle m'a faite, en créant une médaille qui n'était point promise par son programme. Je remercie surtout M. le Rapporteur de la commission de tout ce qu'il a dit d'obligeant pour moi. Je suis flatté des éloges qu'il m'a donnés; j'attache le plus grand prix à l'estime d'un homme aussi recommandable. J'adresse enfin à mes deux concurrents mes félicitations les plus sincères.

Je dois rendre compte du plan que j'ai observé dans mon opuscule. La 1.re partie est consacrée au mémoire proprement dit. J'y ai traité les questions proposées; mais comme je ne voulais point énoncer simplement mon opinion et que des développements m'ont paru nécessaires, j'ai cru qu'il était convenable de rédiger une 2.de partie servant d'appendice à la 1.re, et contenant ces développements dont je viens de parler. J'aurais pu les fondre dans le mémoire, mais je l'aurais rendu long, traînant et diffus. A la fin de l'appendice, on trouvera une 3.e partie intitulée *pièces justificatives*. Cette partie contient des édits qu'il serait très-difficile de se procurer aujourd'hui, et des arrêts de la Cour Royale de Rennes, qui ne figurent encore dans aucun recueil, et qui ont fixé la jurisprudence sur la matière que j'ai traitée.

MÉMOIRE

SUR LES

TERRES VAINES ET VAGUES

ET LES BIENS COMMUNAUX.

. . . . *Non gloria nobis*
Causa sed utilitas officium quæ fuit.
(Ovid. de Ponto. Lib. 3. Eleg. 9.)

Les possessions communes remontent à la naissance du monde. Ce ne fut que long-temps après la création, que l'homme conçut l'idée de diviser le territoire et d'assurer ses droits sur la portion qui lui était attribuée. L'accroissement de la population, les associations générales ou particulières qui se formèrent parmi l'espèce humaine, l'invention et l'usage de l'agriculture, les progrès de la civilisation, les découvertes des arts, firent sentir la nécessité d'une propriété permanente et individuelle, ainsi que le besoin d'un état civil destiné à la protéger et à établir les bases les plus sûres de toute société.

Les premiers peuples furent pasteurs. *L'Histoire*

Sainte nous a fourni sur la vie des Patriarches les documents les plus précieux. Nous ignorons cependant si, au moment de la constitution des propriétés privées, on conserva des portions de territoire destinées à être communes à quelques généralités d'habitants (1). Le temps et les révolutions que les nations ont subies, ont détruit la plupart des ouvrages que les anciens avaient légués à la postérité, et parmi ceux qui ont échappé aux ravages des siècles et à la main des hommes, plus destructive encore que celle des âges, il en est bien peu qui puissent nous fournir des notions sur les mœurs, les habitudes, le caractère général, les lois et l'état civil des nations. Tous ces détails, qui seraient pour nous du plus grand intérêt, furent négligés jadis, comme ils l'ont été depuis par des historiens plus modernes. Ils furent sacrifiés au désir de perpétuer le souvenir de quelques faits militaires, ou les actes éclatants de ces hommes célèbres, qui tour-à-tour ont eu le privilége de fixer sur eux les regards et quelquefois l'admiration des peuples. C'est surtout de nos jours que l'histoire a reçu une direction philosophique qui contribue éminemment à l'utilité de ses récits et nous fournit les moyens de transmettre aux générations futures les doctrines et l'expérience des générations passées.

L'histoire et les monuments de la législation Romaine nous apprennent cependant que les biens jouis en commun existaient, et du temps de la République et sous les empereurs. Ces propriétés étaient diverses. Leur origine n'était pas la même. Le plus grand nombre provenait des distributions faites après les conquêtes. Pour récompenser les soldats de leurs services passés et les engager à se recommander par de nouveaux mérites, on leur partageait les terres des vaincus. Celles de ces terres qui n'avaient point fait partie de ces bénéfices militaires, étaient laissées à l'usage commun (2).

Nous sommes réduits à de simples conjectures sur ce qui se passa dans les premiers temps de notre monarchie relativement aux distributions des propriétés. Attaqué de toutes parts par des nations barbares, que la puissance Romaine avait acculées dans des régions inconnues et qui se débordèrent comme un torrent, dès qu'elle fut incapable de réprimer et contenir leurs insultes, l'empire de la ville éternelle croula sous les coups qui lui étaient portés. Les Gaules furent envahies par des peuplades Germaines. Les Goths, les Bourguignons, étendirent au loin leurs ravages et leurs conquêtes. Les Francs leur succédèrent et finirent par asseoir leur domination sur ces contrées. Des conventions, dont les stipulations sont parvenues jusqu'à nous, furent établies entre les anciens habitants et leurs premiers vainqueurs. Ceux-ci eurent les deux tiers des terres, ceux-là en conservèrent la troisième portion (3). Quel fut le mode du partage lors de l'invasion et des victoires des Francs? L'histoire est muette à cet égard. Nous savons seulement que ce peuple regardait les dépouilles des vaincus comme lui appartenant en entier, et l'on n'ignore pas combien il est difficile de résister aux prétentions que peut former un ennemi victorieux (4). Nous devons présumer cependant que les Francs, élevés dans les mêmes habitudes, imbus des mêmes principes que les Goths et les Bourguignons observèrent dans l'invasion et le partage des propriétés territoriales, la modération des barbares qui les avaient précédés dans les Gaules et qu'ils ne dépouillèrent pas entièrement les Romains (5). Ils respectèrent même le système politique des aggrégations connues sous le nom de *Cités*, qui s'étaient formées sous la domination Romaine (6). Les habitants originaires ne furent pas tous courbés sous le poids de la servitude (7), et la révolution qui se fit n'apporta aucun changement à la législation. Les vaincus Bourguignons, Goths ou Romains, restèrent en possession de leurs lois et de leurs coutumes (8).

Quel fut, après la conquête, le sort des biens communs? Ces biens furent vraisemblablement respectés : peut-être même en établit-on de nouveaux, car toutes les terres ne furent pas comprises dans les partages. Une loi des Bourguignons nous apprend qu'on en avait réservé une certaine portion pour les *barbares* qui viendraient plus tard fixer leur résidence dans les Gaules.

Mais si les Francs ne s'emparèrent pas d'abord

de toutes les terres, ils devinrent par la suite plus avides et plus ambitieux. Profitant de quelques résistances partielles et de diverses révoltes qui eurent lieu contre leur pouvoir ; ils parvinrent à faire prévaloir un droit des gens qui était toujours à l'avantage du vainqueur, et chaque jour vit naître de nouvelles entreprises sur les propriétés et la liberté des peuples vaincus.

Les guerres civiles et étrangères, les crimes et les divisions fatales des successeurs de Clovis, la faiblesse de ces Monarques que l'histoire a justement flétris du nom de *fainéants*, favorisèrent ces usurpations successives, et la révolution qui arriva dans la nature des fiefs (9), contribua à leur donner la plus grande extension. Concédées d'abord comme simples *bénéfices* avec l'obligation du service militaire, les terres que le Monarque avait frappées de ce titre, pouvaient être retirées de la possession de celui qui les avait obtenues : elles étaient essentiellement amovibles. Bientôt elles furent accordées pour toute la vie du titulaire : enfin, elles devinrent héréditaires, furent confondues dans le patrimoine du possesseur et il lui fut permis de les transmettre à ses enfants.

Les avantages politiques ou particuliers attachés à la nature et qualité du fief, conduisirent alors à une foule d'inféodations, et des *alleux*, ou terres libres, furent convertis en *bénéfices*. Ainsi, la France qui avait été, en grande partie, *allodiale* sous les premiers rois de la monarchie, n'offrit bientôt que des serfs ou des vassaux et des propriétés féodales appartenant à des seigneurs, parmi lesquels on n'établit depuis cette époque aucune distinction d'origine.

La condition des vassaux ne fut pas plus heureuse que celle des esclaves. Le gouvernement féodal et l'anarchie qui en devint le résultat, firent disparaître sous des ruines et les franchises des cités, que Clovis avait maintenues, et la majesté de la royauté même, réduite à un simple titre honorifique, qui ne fut pas toujours à l'abri des outrages.

La liberté des citoyens n'étant plus respectée, la plupart des habitants des campagnes étant réduits à l'état de serfs de la glèbe ou à celui de main-mortable, on dut avoir peu d'égards pour leurs propriétés. Les seigneurs envahirent tout ce qui fut à leur convenance, et les terres communes, appartenant à des généralités d'habitants, furent sans doute l'objet des premières usurpations. Mais l'excès même du mal en apporta bientôt le remède. Devenus propriétaires incommutables, les seigneurs sentirent enfin le besoin de favoriser l'agriculture et la population. Désireux d'attirer des habitants sur leurs terres, ils s'empressèrent de faire des concessions de territoire, d'accorder des droits d'usage dans leurs bois et des paturages pour les bestiaux. Les terres incultes surtout furent alors affectées à l'usage général.

C'est ainsi que les *communaux* furent rétablis (10).

A la même époque, nos rois rendaient la liberté à leurs vassaux, et dans le but de détruire les usurpations que l'aristocratie avait faites sur leur autorité, ils essayaient de relever les *Cités* et de rendre à ces aggrégations les droits politiques qu'elles avaient jadis possédés. Quelques seigneurs imitaient l'exemple du souverain ; mais ils n'accordaient de priviléges ou de chartres de communes, qu'à la charge de diverses prestations féodales.

Les révolutions que je viens de signaler relativement à la propriété ou la possession des biens communs, ne furent pas les dernières. Lorsque la population fut augmentée, que l'agriculture eut fait des progrès et que la richesse se fut répandue parmi les vassaux, les seigneurs dont la fortune avait été en décroissant (surtout à l'époque des guerres saintes entreprises pour la délivrance du Saint-Sépulcre), commencèrent à jeter un œil d'envie sur les propriétés communes et à se repentir des concessions qu'ils avaient faites. Ils cherchèrent alors à les usurper de nouveau. Ces entreprises continuelles ont été souvent réprimées : plusieurs fois aussi elles ont obtenu un résultat favorable pour les envahisseurs. Nos rois cependant manifestaient constamment la volonté de conserver les biens communs dans les mains des habitants. Divers édits (11) sont restés comme des monuments de la sollicitude de ces monarques, de leur justice et de la protection qu'ils voulaient accorder à une portion extrêmement intéressante des sujets soumis à leur empire.

Mais, malgré les efforts de l'autorité royale, on parvint, à l'ombre de la puissance des seigneurs, à l'abri de l'ignorance, ou à l'aide de la complicité de quelques légistes, à faire recevoir en France la maxime qui décidait qu'il n'existait aucune terre sans seigneur. Cette maxime fut même éloignée de son objet et du sens primitif qui lui avait été attribué dans ce royaume (12). L'on établit en principe que tout ce qui était situé dans l'enclave des seigneuries appartenait au seigneur et que nul ne pouvait réclamer la propriété des terres vaines et vagues sans chartre de concession émanée de celui-ci, ou sans lui payer une redevance, et que la possession, même immémoriale, était insuffisante pour conférer des droits d'usage. Dans quelques coutumes cependant cette possession forma un titre légitime. Dans d'autres, sous l'empire desquelles les terres étaient restées en *franc-alleu*, la liberté étant de droit commun, ce fut au seigneur que l'on imposa l'obligation de prouver la servitude.

Je n'examinerai pas ces diverses coutumes, ni les dispositions contraires qu'elles pouvaient contenir. Je me tairai également sur les nombreux édits qui ont réglé *en France* la matière des communaux. Toutes les questions que je soulèverais à cet égard, seraient étrangères au sujet que j'ai l'intention de traiter. Je veux m'occuper exclusivement des terres vaines et vagues de la Bretagne, et si j'ai cru nécessaire de tracer succinctement, dès le début de ce mémoire, l'histoire des terres communes du royaume, je ne dois pas oublier que je n'ai pu en parler que par forme d'épisode. Je ne pousserai donc pas plus loin mes recherches à cet égard et je vais maintenant entreprendre de remplir la tâche que je me suis imposée.

La *Bretagne* était connue jadis sous le nom d'*Armorique*. Tout le littoral de l'Océan, depuis le Cap Finistère jusqu'aux Pyrennées, portait aussi cette dénomination; mais sous l'empire des Romains, lorsque ces vainqueurs eurent tenté, par de nouvelles divisions territoriales, de désunir les anciens liens des populations Gauloises ou Celtiques, elle devint particulière à la Province dont je m'occupe en ce moment.

Je ne parlerai pas des diverses tribus qui habitaient cette région, de leurs mœurs, des traditions et des souvenirs qui nous sont restés de ces temps reculés.

Je me contenterai de dire qu'avant la conquête des Gaules et la glorieuse résistance que les Venètes opposèrent aux armes victorieuses de César, l'Armorique était peu connue et que l'imagination accueillait facilement les récits fabuleux que l'on faisait sur cette Province. On sait que le culte religieux des Gaulois y fut maintenu et que toutes les pratiques druïdiques y furent conservées, malgré les efforts auxquels se livrèrent les Romains pour les détruire. Des monuments qui étonnent, et par leur nombre prodigieux et par leurs formes gigantesques, sont restés comme des témoins impérissables de l'antique religion de ce pays. On ignore si la population de l'Armorique était considérable. On sait cependant que de vastes forêts couvraient une partie du sol et que l'on y voyait aussi des landes immenses et sans culture.

Le paturage dans ces déserts ne pouvait être l'objet de contestations : il est à présumer qu'il était exercé par le premier occupant, comme chez les peuples pasteurs.

Sous l'empire des Romains, une partie des terres fut distribuée à ces colonies de soldats que Rome plaçait comme des citadelles au milieu des régions subjuguées et auxquels elle accordait des bénéfices regardés comme une solde et chargés de l'obligation du service militaire.

Les Romains connaissaient les possessions communes. Il est à présumer que sous leur domination, les landes de Bretagne ne furent pas divisées, et qu'elles continuèrent d'être l'objet d'une jouissance générale. Cet usage ne dut éprouver aucune modification lors des diverses distributions de terres que les Empereurs Romains firent en faveur de ces Bretons insulaires qui vinrent chercher un refuge dans l'Armorique (13).

Mais les destinées de l'Empire Romain étaient accomplies. Ce colosse qui avait si long-temps pesé sur le monde allait être renversé. Avant sa chute (et ce fut sans doute ce qui en précipita le moment), cet Empire fut déchiré par les guerres civiles les plus cruelles.

Maxime, général Romain, qui commandait dans l'île de Bretagne, voulut marcher sur les traces des divers chefs qui, à l'aide de leurs légions, étaient parvenus à se couvrir de la pourpre impériale. Il leva l'étendard de la révolte et se détermina à entrer en concurrence avec *Théodose*, que *Gratien* avait associé à l'Empire. Il entraîna à sa suite une nombreuse jeunesse bretonne commandée par *Conan-Mériadec*, prince d'Albanie. Débarqué sur les côtes de l'Armorique, vainqueur dans une sanglante bataille, il s'empara du pays, devint maître d'une partie de l'Empire et périt au moment où il était sur le point de jouir du fruit de ses conquêtes.

Avant de se rendre en Italie, le général Romain avait distribué des faveurs à ceux qui l'avaient secondé dans son entreprise. Les Bretons reçurent l'Armorique, et Conan-Mériadec en devint Roi ou Gouverneur pour les Romains. Ces derniers conservèrent quelque temps encore un pouvoir honorifique sur la contrée; mais bientôt, l'Empire n'ayant plus aucune puissance réelle, ses chefs étant dans l'impossibilité de châtier les révoltes contre leur domination, les peuples qui jusques-là avaient vécu sous le joug, se déclarèrent indépendants, et l'Armorique suivit l'exemple qui lui était donné : elle devint libre et traita avec l'empire Romain. Sous les successeurs de Conan, les Bretons insulaires firent de fréquentes émigrations dans cette province à laquelle, plus tard, ils imposèrent le nom de leur patrie. Des distributions de terres avaient eu lieu en faveur des vainqueurs; on en fit de nouvelles pour les émigrés insulaires, et bientôt les étrangers se trouvèrent les maîtres du pays.

C'est à l'occupation de la Bretagne et aux diverses migrations qui y furent faites, que les seigneuries de la Province durent leur origine. Les chefs devinrent seigneurs, les soldats furent leurs vassaux. Parmi les anciens habitants, quelques-uns, ceux qui s'étaient élevés au-dessus de l'égalité par la force et par les richesses, occupèrent aussi des seigneuries. Quelques autres conservèrent leur liberté, mais furent sujets aux impôts. Le reste de la population forma la classe des serfs : ceux-ci étaient attachés à la terre et vendus avec elle. Les hommes libres habitant les campagnes finirent aussi par être exposés aux servitudes et aux devoirs les plus onéreux.

C'est à la Bretagne que nous devons, parmi les nations modernes, le premier exemple d'un gouvernement représentatif. Les seigneurs y établirent des *Etats* ou *Parlement général* et limitèrent le pouvoir de leur souverain. Mais, s'ils cherchèrent à diminuer l'autorité du trône, ils tentèrent aussi d'un autre côté d'étendre celle de leur puissance aristocratique. Oubliant que la Bretagne n'était pas, à proprement parler, un pays conquis, ils se regardèrent comme les maîtres absolus de la terre et de tout ce qu'elle contenait. Ils purent facilement faire prévaloir cette prétention, au milieu des guerres continuelles qui ont affligé cette province et des calamités qui en étaient le résultat inévitable. Les prestations féodales étaient déjà en vigueur en Bretagne, lorsqu'elles devinrent la loi politique de la France, et plusieurs révoltes annoncent combien le système de la féodalité y était rigoureusement exécuté (14). Les *fiefs* furent, comme en France, substitués aux *bénéfices*; et, d'amovibles qu'ils étaient d'abord, ils devinrent aussi héréditaires et patrimoniaux (15).

D'après les principes que je viens d'exposer, les seigneurs durent regarder comme faisant partie de leur patrimoine, toutes les terres vaines et vagues, tout ce qui n'avait point de propriétaire privé pouvant se prévaloir d'une concession expresse, à laquelle on donna le nom de *féage*, ou *inféodation* (16). Les terres qui n'avaient point été ainsi distraites par eux ou leurs ancêtres demeurèrent dans leur main et composèrent le domaine réel de leurs fiefs. Ils s'attribuèrent également, et par les mêmes motifs, les droits de propriétaires sur les cours d'eau et les rivières non navigables. Les bacs et les péages furent cependant considérés comme appartenant au Roi (17).

Ainsi il n'y eut point de *franc-alleu* en Bretagne,

c'est-à-dire que l'on n'y connut point d'héritages ne dépendant d'aucun seigneur, ni en fief, ni en censive, ne devant ni foi, ni hommage, ou autres droits seigneuriaux. La coutume de la province contenait à cet égard une disposition rigoureusement prohibitive, et si un seigneur eût consenti à permettre à son vassal de posséder en *franc-alleu*, le premier eût sur le champ perdu la mouvance qui aurait été dévolue au seigneur supérieur, et le second eût passé sous la supériorité féodale du suzerain (18).

On exprima cet état de féodalité à l'aide d'une maxime qui naquit vraisemblablement en Bretagne dès l'origine des fiefs, qui y fut conservée avec soin et passa de là en France, sous le règne de François Ier. Mais si, dans les autres provinces du royaume, cette maxime fut détournée du sens qui lui avait été d'abord attribué (ainsi que j'en ai déjà fait l'observation), il est certain qu'en Bretagne elle fut constamment appliquée au domaine direct réservé au seigneur supérieur, dans le cas même où le domaine utile appartenait à un étranger. *Nulle terre sans seigneur*, dit-on. Cette règle devint un principe de droit public parmi les Bretons, et elle existait dans leurs mœurs et leurs usages, long-temps avant que l'on eût eu l'idée de réunir en corps de lois les diverses coutumes municipales. Aussi fut-elle proclamée en 1330 lors de la première rédaction (19) de la coutume de cette province.

Cette première règle générale relative aux fiefs ne reparut pas (on ignore les motifs de cette omission) dans la nouvelle rédaction qui eut lieu en 1539. Mais elle conserva cependant toute sa force, soutenue qu'elle était par un usage constant et par la doctrine des jurisconsultes, et on la vit de nouveau figurer dans la rédaction de 1580, où, pour lui donner plus d'autorité, on décida qu'il n'y avait point de franc-alleu en Bretagne. L'article 328 de la coutume fut ainsi conçu :

Nul ne peut tenir terre en Bretagne sans seigneur : parce qu'il n'y a aucun franc-alleu en icelui pays.

Il résulte de cette législation, que toutes les terres étaient sujettes à une sorte de servitude et que les tenues, soit nobles, soit roturières, même les fiefs de dignité, relevaient féodalement d'un seigneur. Il en résulte encore que celui-ci avait la propriété des terres vagues, Gallois, etc., en l'étendue de sa seigneurie, lorsqu'il ne l'avait pas transmise à ses vassaux par des concessions particulières. Ces derniers ne purent acquérir aucuns droits par la possession immémoriale, qui ne fut point considérée comme pouvant valablement remplacer le titre (20).

D'après la coutume, la simple possession était considérée comme un acte de tolérance, comme une jouissance précaire à laquelle le seigneur était libre de mettre un terme, et les vassaux ne pouvaient réclamer le droit de communer, que lorsqu'ils en étaient inféodés et qu'ils produisaient le titre de l'inféodation, ou qu'ils suppléaient à l'absen[illegible] ce titre par des aveux rendus et hors d'impunissement (21). Ce droit de communer n'était autre chose qu'une servitude qui autorisait seulement à faire paître les bestiaux, couper des herbes et des bruyères. Il n'attribuait aucune propriété sur le sol. Le pacage des bestiaux était même limité. Il n'était permis au vassal de conduire sur les terres vaines et vagues que ceux qu'il pouvait nourrir pendant l'hiver avec les pailles et foins des propriétés auxquelles le droit de communer était attaché. Le seigneur avait aussi la faculté de cantonner ses vassaux, en leur concédant la portion de terrain nécessaire pour l'exercice de la servitude. Il devenait alors maître absolu de toutes les terres qui n'étaient point affectées à cet usage. La *propriété* de la partie concédée ne lui était même pas enlevée : les bois qui s'y trouvaient lui appartenaient et ne pouvaient être réclamés par les vassaux cantonnés (22).

Il en était autrement, lorsque le seigneur avait attribué à une généralité d'habitants la propriété des terres vagues. Celles-ci alors cessaient de lui appartenir : elles passaient entre les mains des vassaux qui les possédaient et les administraient comme biens de communauté. Mais je dois faire observer que la *propriété* des communs n'appartenait aux habitants que dans un très petit nombre de seigneuries et que les concessions générales étaient extrêmement rares.

Lorsque la propriété était cédée à un individu, son titre faisait loi, et ce qui lui avait été concédé devenait son domaine particulier.

Tels étaient les principes de l'ancien droit Breton. Etablis par la coutume d'une manière positive, on voyait la jurisprudence les consacrer chaque jour et les divers édits rendus par nos rois sur cette matière, ne leur avaient fait éprouver aucune altération ou modification. Ces édits ne pouvaient être invoqués en Bretagne, où ils se trouvaient en opposition avec les dispositions précises du statut municipal (23).

Cependant, on tenta plusieurs fois de porter les tribunaux à appliquer le titre 25 de la belle ordonnance de 1669 sur les eaux et forêts et surtout l'article 4 de ce titre qui n'accordait au seigneur que le droit de distraire à son profit le tiers des communaux, lorsque ces biens provenaient de concession gratuite et qui ne le considérait que comme premier habitant, sans part, ni triage, sans autre droit que les autres membres de la communauté, lorsque la concession avait été faite à titre onéreux.

Mais ces tentatives entreprises par des habitants qui ne pouvaient invoquer qu'un simple droit de communer, n'eurent aucun succès. Le parlement et les jurisconsultes les plus célèbres se réunirent, pour repousser les prétentions élevées. On continua d'accorder le cantonnement lorsque le seigneur le demandait. Cependant, d'accord avec l'ordonnance, mais sans la citer et sans la regarder comme loi, on autorisait ce même seigneur, dans ce cas, à faire distraire à son profit, s'il le préférait (24), le tiers des terres soumises à la servitude.

Les dispositions de l'ordonnance devaient en effet être étrangères au simple droit de communer, porté dans des aveux de quelque manière que l'inféodation fût faite. Elles n'auraient pu être régulièrement appliquées qu'aux communs dont la *propriété* était inféodée. Il est facile de découvrir la raison de cette distinction que je viens d'établir. Lorsque la *propriété* avait été inféodée, on ne pouvait plus argumenter du droit commun de la province, qui n'admettait pas de communaux. Il s'agissait alors d'un droit spécial et dérogatoire, d'un droit particulier concédé et autorisé par des titres particuliers. Dans ce cas spécial, la coutume ne pouvait pas être invoquée, puisque, par la concession même, on s'était mis hors sa loi. On rentrait alors nécessairement dans l'application du droit commun du royaume et sous l'empire de l'ordonnance de 1669.

D'après les principes que j'ai indiqués, il ne peut être difficile de reconnaître quels étaient les moyens offerts par l'ancienne législation Bretonne pour convertir les terres vagues en propriétés privées, et quels pouvaient être les obstacles qui devaient contrarier l'exercice de ces moyens. La solution de cette question ne saurait entraîner dans de longs développements. Pour la trouver, il suffit de raisonner dans les diverses hypothèses que j'ai exposées.

Les vassaux n'avaient-ils que la possession, même immémoriale de l'usage, ne pouvaient-ils se prévaloir d'aucun titre d'inféodation ou d'accensement? le seigneur était libre de mettre un terme à sa tolérance, lors même qu'elle n'aurait pas été gratuite. Il lui était permis d'afféager les terres vaines et vagues, ou de les convertir en terres privatives et les attacher à ses autres domaines, de telle sorte qu'on ne pouvait plus établir aucune différence entre cette propriété et l'ancien territoire cultivé de la seigneurie (25).

Les vassaux avaient-ils, soit individuellement, soit en général, un titre ou des aveux suffisants qui leur donnaient le droit de communer sur les terres vaines et vagues de la seigneurie? Le seigneur pouvait en ce cas, faire ordonner le cantonnement et réduire le droit à la portion de terrain nécessaire pour les usages accordés. Il devenait alors maître privatif de la partie non consacrée à la servitude, et il était libre, soit d'en disposer, soit de la réunir à son domaine. Il pouvait aussi choisir le tiers, s'il le préférait, et alors les afféagements particuliers qu'il avait faits, devaient être compris dans le lot qui lui restait.

Mais lorsque les vassaux avaient des inféodations pour la *propriété* des terres vaines et vagues, lorsque, par le titre primordial, le seigneur avait ainsi réellement créé des communaux, que l'on avait dérogé virtuellement (26) par ce contrat particulier à la coutume de la Province et qu'on s'était placé hors la loi commune de la Bretagne, on rentrait alors dans l'application de l'ordonnance de 1669 et si la concession était gratuite, c'est-à-dire si elle avait été faite sans charge de cens, redevance, prestation ou servitude, et si, en outre, les deux tiers du terrain inféodé suffisaient pour l'usage de la paroisse, le seigneur pouvait obtenir la distraction du tiers à son profit, et faire de cette portion son domaine privé. Mais si la concession n'était pas gratuite (27), ou si les deux tiers ne suffisaient pas pour l'usage de la généralité des habitants, l'indivision continuait de subsister, et le seigneur ne jouissait d'aucun privilége ; il était seulement considéré comme premier usager.

Lorsque les habitants étaient *propriétaires* des terres vaines et vagues, celles-ci ne pouvaient en aucune manière être converties en propriétés privées. La société des habitants rentrait sous l'empire de la loi générale, qui la déclarait indissoluble. Chacun des membres qui la composaient avait droit à une jouissance indivise, et aucun d'eux ne pouvait réclamer exclusivement une portion du territoire : l'aliénation en était défendue (28). Cependant, l'article 7 de l'ordonnance de 1669 permettait d'en affermer une partie, lorsqu'on pouvait le faire sans inconvénient. Le prix de ces fermes devait être employé aux réparations des paroisses et autres affaires urgentes des communautés.

Le droit municipal Breton, comme l'on a pu s'en convaincre par les observations que j'ai faites, était toujours favorable aux seigneurs, sévère et souvent injuste envers les vassaux. Il consacrait, relativement aux terres vaines et vagues de la Province, les usurpations commises au détriment des habitants, et il repoussait, de la manière la plus péremptoire, la prescription, ce moyen d'acquérir, contraire à l'équité naturelle, il est vrai, mais que l'intérêt public a obligé d'adopter comme une règle de droit civil.

Le droit Breton subsista dans toute sa force jusqu'à l'époque de nos troubles révolutionnaires. En ce moment fatal, marqué par la Providence pour le renversement des institutions sous l'empire desquelles nous avions jusqu'alors vécu, il disparut aves elles. A peine l'orage avait-il commencé à gronder, que les seigneurs furent dépouillés des droits et des priviléges que la puissance féodale leur avait attribués. Bientôt, à l'aide de la spoliation la plus révoltante, on allait leur ravir aussi l'héritage de leurs pères, leur enlever violemment des propriétés qui leur appartenaient au titre le plus légitime et le plus sacré. O jours de honte ineffaçable et de deuil éternel pour notre patrie! Une lance spoliatrice (29) fut élevée au milieu de la France désolée : des tables de proscription furent dressées : la faux de la mort plana sur toutes les têtes et des flots de sang coulèrent sur les échafauds. Les autels du vrai Dieu furent renversés et en face d'une nation éminemment religieuse, on osa proclamer l'odieuse doctrine de l'athéïsme, ou la divinité de la raison. Le trône, la dernière de nos institutions qui fût restée debout, croula aussi et disparut dans l'abîme. La tête du meilleur des rois tomba sous une hâche impie, et d'ignobles factieux s'emparant tour à tour du soin de modérer nos destinées, épouvantèrent chaque jour le monde du bruit de leurs forfaits.

Etait-ce là ce qu'on devait attendre de la générosité et des vertus magnanimes de la nation française? Courbé sous le poids d'une terreur générale, chacun gémissait en secret, tandis que soulevées par des discours incendiaires, dégradées par des manœuvres coupables, les dernières classes de la société affectaient l'empire et signalaient leur puissance par la destruction et la mort. *L'honneur français se réfugia du moins dans les camps* et nos armées victorieuses démontrèrent que si la plus funeste anarchie régnait dans notre patrie, la valeur et les vertus guerrières étaient héréditaires dans le cœur des français.

Mais tirons le voile sur ces événements déplorables, sur ces scènes de dégradation intérieure dont le souvenir souillera à jamais notre histoire, et attachons-nous de plus en plus au seul avantage que cette sanglante révolution ait produit parmi nous : nous l'avons trop chèrement acheté pour pouvoir facilement le répudier. Entourons de notre respect et de notre amour ces institutions politiques, bienfait d'une heureuse restauration, qui assurent une sage liberté aux sujets, en même temps qu'elles consacrent la majesté, l'inviolabilité du trône et le triomphe de la légitimité. Elles éloigneront à jamais, j'aime à le prévoir, ces commotions terribles qui peuvent contribuer quelquefois à la régénération des peuples, mais qui le plus habituellement doivent entraîner la chute des nations que la Providence a condamnées à les subir.

J'ai dit que le droit coutumier Breton subsista dans la Province jusqu'à l'époque de nos troubles révolutionnaires. Il éprouva alors de grandes modifications, et bientôt il fut anéanti pour être remplacé par un droit nouveau.

Dans la nuit du 4 août 1789 (30), les priviléges, exemptions, immunités, droits seigneuriaux, furent abolis par l'assemblée constituante. Ainsi fut anéanti le régime féodal. Ce système (il faut en convenir) avait présenté quelques avantages au moment de son organisation; mais, en revanche, il avait puissamment favorisé l'anarchie et les guerres civiles, et il avait même souvent compromis la majesté et la puissance du souverain. Réduit, au moment de la révolution, à ses priviléges, à ses immunités, à ses droits utiles ou honorifiques, il n'en renfermait pas moins de nombreux abus. On le regardait comme un joug devenu intolérable : aussi fut-il renversé au milieu des acclamations et par suite d'un élan unanime des divers ordres qui composaient l'assemblée.

On décréta bientôt que chaque ville, bourg, paroisse, ou communauté de campagne, formerait une commune et aurait une municipalité (31). Cette grande mesure porta les derniers coups à la puissance féodale, et consomma le grand œuvre d'affranchissement entrepris depuis des siècles par nos rois (32) et poursuivi par eux avec une grande habilité et une noble persévérance.

Les terres vaines et vagues, plus spécialement soumises à l'influence du pouvoir féodal, ne durent pas être oubliées et devinrent bientôt l'objet d'une législation spéciale. Dès le 11 décembre 1789, l'assemblée nationale, tout en défendant les voies de fait, autorisa les communautés d'habitants à se pourvoir par les voies de droit contre les usurpations de terres de cette nature, dont elles croiraient avoir à se plaindre.

En 1790, par un décret à la date du 15 mars (tit. 2, art. 30 et 31), le droit de triage, établi par l'ordonnance de 1669, fut aboli. Les édits, déclarations, arrêts du conseil, ou lettres patentes, rendus depuis 30 ans, qui avaient autorisé cette distraction du tiers hors des cas prévus par l'ordonnance, furent déclarés non avenus et les actes faits ou les jugements rendus en conséquence furent révoqués. Il fut permis aux communautés de se pourvoir dans l'espace de cinq ans devant les tribunaux, pour rentrer en possession des portions de leurs biens dont elles avaient été privées par l'effet desdits édits, déclarations, arrêts et lettres patentes.

Ce dernier décret ayant entraîné des désordres, l'assemblée constituante, pour arrêter les voies de fait qui étaient commises, donna le 15 mai de la même année, une déclaration explicative : elle dit qu'elle n'avait entendu rien préjuger sur la propriété des terres vaines et vagues, marais, etc., ni attribuer sur ces biens aucun droit nouveau aux communautés d'habitants ou aux particuliers qui les composaient. Elle prescrivit de rechef les voies de droit et le recours devant les tribunaux, pour faire prononcer sur la légitimité ou l'illégitimité des possessions.

A ce décret, succéda la loi du 13-20 avril 1791, qui dit (art. 7) que le droit de s'approprier les terres vaines et vagues, etc., n'aurait plus lieu en faveur des ci-devant seigneurs, à compter de la publication des décrets du 4 août 1789, c'est-à-dire, de l'abolition du régime féodal.

L'article 8 portait cependant, que les terres vaines et vagues dont les ci-devant seigneurs avaient pris publiquement possession avant la publication du décret du 4 août 1789, en vertu des lois, coutumes, statuts, ou usages locaux, alors existants, leur demeuraient acquis sous diverses réserves mentionnées dans le même décret.

On arrivait ainsi progressivement à la législation

qui fut bientôt établie. D'après ce que j'ai dit sur l'ancien droit de la Bretagne, on a dû se convaincre que les diverses lois que je viens de citer, étaient à-peu-près étrangères à cette Province. Il n'en fut pas de même de celles qui furent rendues postérieurement.

Le 25 août 1792, l'assemblée législative donna un décret relatif aux droits féodaux. L'article 1.er décidait que tous les effets qui pouvaient avoir été produits par la maxime *nulle terre sans seigneur*, par celle de l'enclave, par les statuts, coutumes et règles, soit générales, soit particulières, qui tenaient à la féodalité, demeuraient comme non avenus. Cet article renversait entièrement le système de la coutume de Bretagne sur la matière dont je m'occupe en ce moment.

Trois jours après, l'assemblée voulut doter les communes, et elle rendit le décret qui porte la date du 28 août.

L'article 1.er de cette loi est ainsi conçu : « L'ar-
» ticle 4 du titre 15 de l'ordonnance des eaux et
» forêts de 1669, ainsi que tous édits, déclara-
» tions, arrêts du conseil et lettres patentes qui,
» depuis cette époque, ont autorisé le triage, par-
» tage, distribution partielle ou cession de bois et
» forêts domaniales et seigneuriales au préjudice des
» communautés usagères, soit dans les cas, soit hors
» des cas permis par ladite ordonnance, et tous les
» jugements rendus et actes faits, en conséquence

» sont révoqués et demeurent à cet égard comme » non avenus ».

Le même article accorde un délai de cinq ans aux communes pour intenter leur action à cet égard.

On lit à l'article 9 : « Les terres vaines et vagues » ou gastes, landes, biens hermes ou vacans, » garrigues, dont les communautés ne pourraient » pas justifier avoir été anciennement en possession, » *sont censés leur appartenir* et leur seront adjugés » par les tribunaux, si elles forment leur action » dans le délai de cinq ans, à moins que les ci-» devant seigneurs ne prouvent par titres ou par » possession exclusive, continuée paisiblement et » sans trouble pendant 40 ans, qu'ils en ont la » propriété ».

Tels sont les articles généraux de la loi sur la propriété des terres vaines et vagues. La Bretagne, sous notre nouvelle législation, comme sous l'ancienne, était destinée à avoir à cet égard des règles particulières et spéciales. On pensa que les habitants qui avaient précédemment obtenu de leur seigneur *le droit de communer*, avaient acquis par là un droit de propriété sur le fonds et que ce droit devait être respecté. On le consacra par l'article 10 que je vais aussi rapporter textuellement :

« Dans les cinq départements qui composent la » ci-devant province de Bretagne, les terres ac-» tuellement vaines et vagues, non arrentées, af-» féagées ou accensées jusqu'à ce jour, connues

» sous le nom de Communes, Frost, Frostages, » Franchises, Galois, etc., appartiendront exclu- » sivement, soit aux communes, soit aux habitants » des villages, soit aux ci-devant vassaux qui sont » actuellement en possession du droit de communer, » motoyer, couper des landes, bois ou bruyères, » pacager ou mener leurs bestiaux dans lesdites » terres, situées dans l'enclave ou le voisinage des » ci-devant fiefs ».

Les dispositions de la loi de 1792 parurent bientôt trop modérées envers des seigneurs que l'on voulait entièrement dépouiller, et le 10 juin 1793, la Convention rendit un décret sur le partage des biens communaux.

Par l'art. 1.er de ce décret, elle déclara quels étaient les biens qui devaient être considérés comme *biens communaux* (33), et par l'article 2, elle apprit ce que l'on devait entendre par *commune*.

Dans la section 4 (art. 1.er) elle établit que « tous » les biens communaux connus dans la république » sous les divers noms de terres vaines et vagues, » gastes, garriques, etc., sont et appartiennent *de* » *leur nature* à la généralité des habitants, ou mem- » bres des communes, des sections de communes, » dans le territoire desquelles ces communaux sont » situés et comme tels lesdites communes ou sec- » tions de communes sont fondées et autorisées à » les revendiquer, sous les restrictions et modifica- » tions portées par les articles suivants ».

Cette loi de 1793 est le dernier acte législatif dans lequel on se soit occupé de la propriété des terres vaines et vagues. Elle a dérogé à quelques-unes des dispositions de celle du 28 août 1792 ; mais elle ne les a pas toutes abrogées. Elle n'a pas dérogé notamment à l'article 10 relatif à la Bretagne, qui est constamment observé dans cette province (34).

Ainsi, sous l'empire de notre nouvelle législation, de cette législation qui, quoique rendue dans des temps de désastres, n'en doit pas moins être exécutée, les terres vaines et vagues de la Bretagne appartiennent :

1.° Aux individus qui invoqueraient à l'appui de leurs réclamations, un contrat d'arrentement, de féage ou d'accensement, et que l'on ne pourrait repousser par aucune exception.

Ces actes avaient converti pour eux en propriétés privées les terres qui leur étaient concédées, et la loi a déclaré qu'elle respectait leurs droits.

2.° S'il n'existe point de contrats d'arrentement, de féage ou d'accensement, les terres vaines et vagues appartiennent aux communes qui, au 28 août 1792, étaient en possession *du droit* de communer, etc.

Je dis en possession du *droit* de communer, car une possession de *fait*, purement précaire d'après la coutume de Bretagne, ne serait pas suffisante. Elle ne créait même pas une servitude en faveur de celui qui l'exerçait (35).

3.° Si en 1792 la commune n'était point en possession de ce droit, les terres sont la propriété 1.° des habitants des villages; 2.° des ci-devant vassaux qui, au 28 août 1792, auraient possédé le *droit* de communer.

4.° Enfin si, au 28 août 1792, soit la commune, soit les habitants, soit les ci-devant vassaux, n'étaient point en possession du droit dont je viens de parler, l'article 10 cesse d'être applicable, et la province de Bretagne rentre dans le droit commun du royaume, puisque les motifs qui ont fait établir une exception à son égard n'existent pas (36). Dans ce cas, d'après l'art. 9 de la même loi, les terres vaines et vagues appartiennent aux communes, à la généralité des habitants.

Cet art. 9 a imposé une condition qui n'a point été abrogée par la loi de 1793 (37) : C'est celle d'intenter une action devant les tribunaux dans les cinq ans de la promulgation de la loi; mais la déchéance qui résulterait de l'inaction ne serait pas applicable à une commune, qui se serait dans les mêmes cinq ans, mise en possession des biens qu'elle aurait pu réclamer. La jurisprudence est constante à cet égard (38).

Je dois ajouter que si le droit à la propriété est basé sur les dispositions de l'article 10 de la loi de 1792, aucun moyen de déchéance ne peut être opposé (39), car cet article a converti la possession du droit de communer en un véritable droit de propriété qui n'est subordonné à aucune condition et rentre seulement sous l'empire des lois générales sur la prescription.

Je viens d'établir *quels sont aujourd'hui en Bretagne les corps ou collections d'individus que la législation répute propriétaires des terres vagues et décloses.* Je dois maintenant, pour suivre la série des questions qui ont été présentées, examiner *quels sont les moyens offerts par l'organisation actuelle pour faire cesser la possession commune, quelles sont les difficultés les plus habituelles et les inconvénients qui se présentent dans l'application de ces moyens.*

Les termes dans lesquels cette question est posée, annoncent suffisamment que je ne puis maintenant m'occuper que des biens communaux et non des terres vaines et vagues qui, d'après les dispositions des nouvelles lois, seraient devenues ou seraient susceptibles de devenir des propriétés privées, en faveur des individus qui pourraient se prévaloir d'un contrat de féage ou d'accensement, ou de ceux qui, en 1792, auraient été en possession du *droit* de communer (40).

Je vais donc examiner la question uniquement à l'égard des terres devenues communales, de ces terres vaines et vagues que les communes peuvent posséder, soit en vertu de l'article 10, soit conformément aux dispositions de l'article 9 de la loi du 28 août 1792.

Un décret (41) du 14 août 1792, avait admis en principe le partage des biens communaux, et décidé que les citoyens jouiraient en toute propriété de leurs portions respectives. A la loi du 28 août, dont j'ai déjà parlé, succéda, ainsi que je l'ai dit, celle du 10 juin 1793. Cette dernière autorisait les partages, qu'elle déclarait cependant facultatifs, et elle prescrivait les formalités qu'il était nécessaire d'observer pour parvenir à les opérer. Elle contenait aussi des exceptions à cette autorisation générale. Le partage devait être fait par têtes d'habitants domiciliés de tout âge et de tout sexe, absents ou présents. Les propriétaires non habitants n'y avaient aucun droit, et le législateur désignait les individus qui pouvaient être considérés comme habitants. Chacun d'eux était investi de la propriété de la portion qui lui était échue. Néanmoins il ne lui était permis de l'aliéner que dix ans après la promulgation de la loi.

Les dispositions de cet acte de législation firent naître une foule de difficultés que la Convention chercha à expliquer dans divers décrets.

Le 21 prairial an IV, les deux conseils (celui des Cinq-Cents et celui des Anciens), considérant que cette loi de 1793 avait produit de funestes effets, arrêtèrent de surseoir à tous actes et poursuites sur le partage des biens communaux, et maintinrent cependant provisoirement les possesseurs dans leur jouissance.

Ce provisoire ne pouvait faire cesser les embarras et les difficultés dans lesquels on s'était jeté.

On le sentait et on réclamait de toutes parts une loi définitive. Ce vœu fut loin d'être rempli par celle du 2 prairial an 5, qui décida qu'il ne serait fait désormais aucune vente de biens communaux en exécution des lois de 1793, confirma celles qui, jusqu'à cette époque, avaient été légalement opérées, et autorisa cependant les communes à aliéner ou échanger leurs biens à l'avenir, mais d'après une loi particulière accordant l'autorisation.

Le 7 germinal an 9, un décret établit qu'aucun bien rural appartenant aux communautés d'habitants, ne pourrait être concédé à bail à longues années, qu'en vertu d'un arrêté spécial du gouvernement. Ce même décret prescrivait diverses formalités qui devaient être remplies avant la demande en autorisation.

Le 29 nivôse an 10, un nouveau décret annula une vente faite par un Maire, considérant que ce fonctionnaire n'avait pu consentir à l'aliénation d'un terrain communal, lors même qu'elle serait avantageuse, *sans l'autorisation du Conseil Municipal et sans une estimation préalable*, et que le Préfet n'aurait pas dû approuver l'acte fait par le Maire en l'absence de ces formalités. L'article 2 de ce décret est ainsi conçu : « Le Conseil Municipal sera consulté » sur l'aliénation dont est question audit traité : » s'il en est d'avis, il sera fait une estimation préa- » lable pour, sur le vu desdites pièces, l'avis du » Préfet, celui de l'administration forestière, et le

» rapport des Ministres de l'Intérieur et des Finances, » être par le gouvernement statué ce qu'il appar» tiendra ».

Une loi définitive fut rendue le 9 ventôse an 12 : elle porte que les partages effectués en vertu de celle de 1793 et dont il a été dressé acte, seront exécutés. Elle maintient les co-partageants ou leurs ayants-cause dans la propriété et jouissance qu'ils ont obtenue, et elle dit que ceux-ci pourront aliéner la portion qui leur est échue et en disposer comme ils le jugeront convenable. Cette loi contient aussi une disposition en faveur des partages dont il n'a pas été dressé acte; elle ordonne la restitution aux communes dans les cas qu'elle détermine et annonce que l'aliénation des biens communaux n'aura lieu à l'avenir qu'en vertu d'une loi.

Le 9 brumaire an 13 et le 4.e jour complémentaire de la même année, furent rendus deux décrets sur le mode de jouissance des communaux non partagés. Ce mode, dit le premier décret, ne pourra être changé que par un décret. L'article 3 parle du cas où la loi de 1793 aurait été exécutée; il porte que le nouveau mode sera provisoirement maintenu et que si les habitants veulent innover à cet égard, ils doivent transmettre leur délibération avec l'avis du Sous-Préfet au Préfet, chargé de rejeter ou de modifier, sauf de la part du Conseil Municipal et même d'un ou plusieurs habitants ou ayants-droit à la jouissance, le recours au conseil d'Etat.

Le second décret décide que les jugements rendus par les conseils de Préfecture, en vertu des attributions qui leur sont faites par la loi du 9 ventôse an 12, ne seront exécutés qu'après avoir été soumis au conseil d'Etat et en vertu d'un décret.

Le 4 juin 1807, le conseil d'Etat déclare qu'on ne peut admettre aucune distinction entre le nouveau et l'ancien habitant. L'un et l'autre doit, dans toutes les communes, supporter les mêmes charges et participer aux mêmes avantages.

Le conseil d'Etat donne un nouvel avis le 29 mai 1808, sur les formalités à observer pour les demandes d'un nouveau mode de jouissance.

Une ordonnance à la date du 7 octobre 1818, autorise la mise en ferme des biens communaux qui ne seraient pas nécessaires à la *dépaissance* des troupeaux. Il ne sera pas besoin de l'autorisation du Roi, dit l'ordonnance, lorsque la durée des baux n'excédera pas 9 années; mais le Préfet devra homologuer le cahier des charges dressé par le Conseil Municipal, et l'adjudication ne sera définitive qu'après l'approbation du Préfet.

Enfin, le 23 juin 1819 a été rendue une dernière ordonnance que je crois devoir rapporter textuellement. Elle est ainsi conçue :

Ordonnance du Roi relative à la réintégration des communes dans leurs droits, sur les biens communaux usurpés.

LOUIS, etc.

« Sur ce qu'il nous a été représenté que l'intérêt

des communes exigeait qu'il fût pris des mesures efficaces pour réprimer les usurpations et occupations irrégulières de leurs biens opérées sans titre ni autorisation quelconque; que les lois et décrets intervenus sur les partages des biens communaux, ayant donné lieu à diverses interprétations et à des doutes sur la compétence des autorités judiciaires et administratives pour le jugement des difficultés relatives aux usurpations, l'avis du conseil d'Etat approuvé le 18 juin 1809 avait attribué le jugement des usurpations, toutes les fois qu'il s'agissait de l'intérêt d'une commune contre les usurpateurs, aux conseils de Préfecture, déjà saisis de la connaissance de toutes les difficultés résultant des partages des biens communaux effectués en vertu ou par suite de la loi du 10 juin 1793; mais que les usurpateurs n'avaient été admis, ni par cet avis, ni par aucune disposition postérieure, au bénéfice de l'art. 3 de la loi du 9 ventôse an 12, qui maintient en possession, à certaines conditions, les détenteurs de biens communaux, en vertu d'un partage dont il n'aurait pas été dressé acte; que dès-lors, les usurpateurs, craignant de se voir dépossédés, ou d'être contraints à tenir compte des fruits des portions de terrain par eux occupées depuis nombre d'années, avaient redoublé d'efforts pour dérober à l'administration la connaissance de leurs envahissements; que d'un autre côté, les administrations locales avaient mis peu d'activité dans la recherche des biens communaux ainsi envahis, et que cette négligence pourrait être attribuée à la crainte de réduire à une ruine certaine les usurpateurs contre lesquels elles auraient dirigé leurs poursuites et avec lesquels elles n'étaient point autorisées à transiger, lors même que les dépenses de défrichement, de plantation, de clôture ou de construction, faites sur le terrain usurpé, semblaient commander quelques ménagements.

» A quoi voulant pourvoir :

» Considérant qu'il est du plus grand intérêt pour les communes de notre royaume de rentrer dans la jouissance de leurs biens communaux usurpés, ou d'en retirer une redevance annuelle qui, en ajoutant à leurs ressources actuelles, les indemnise des pertes qu'elles ont éprouvées depuis quelques années ».

» Que si l'attribution donnée précédemment aux conseils de Préfecture, pour juger en matière d'usurpation de biens communaux, comme en matière de partage, assure aux communes les moyens de poursuivre sans frais leur réintégration dans tous leurs droits, il nous appartient de faciliter cette réintégration, en usant, au profit des communes, de la faculté résultant de la tutelle qui nous est déférée par les lois, et en les autorisant à transiger avec les usurpateurs, à des conditions telles que ceux-ci soient amenés à légitimer leur possession, par un sacrifice modéré, et que les autorités municipales n'aient plus de motifs pour tolérer l'envahissement des biens communaux ».

» Notre conseil d'Etat entendu,

» Nous avons ordonné et ordonnons ce qui suit :

» Article 1.er Les administrations locales s'occuperont sans délai de la recherche et de la reconnaissance des terrains usurpés sur les communes, depuis la publication de la loi du 10 juin 1793 et généralement de tous les biens d'origine communale, actuellement en jouissance privée, dont l'occupation ne résulte d'aucun acte de concession ou de partage, écrit ou verbal, qui ait dessaisi la communauté de ses droits, en faveur des détenteurs.

» 2. Chaque détenteur est tenu de faire, dans le délai de trois mois, à compter de la publication de la présente ordonnance, au chef-lieu de sa commune, la déclaration des biens communaux dont il jouit sans droit, ni autorisation. Ladite déclaration, adressée au Maire, indiquera l'origine de l'usurpation, la quotité, la situation et les limites des terrains usurpés, la nature de ces biens à l'époque de l'usurpation, et les améliorations, telles que défrichements, plantations, clôtures et constructions, qu'ils auraient reçues depuis par le fait du déclarant.

» 3. Les détenteurs qui auraient satisfait à cette obligation, pourront, sur la proposition du Conseil Municipal, et de l'avis du Sous-Préfet et du Préfet, être maintenus en possession définitive des biens par eux déclarés, s'ils s'engagent dans les mêmes délais, par soumissions écrites, et chacun pour soi, à payer à la commune propriétaire, les quatre cinquièmes de la valeur actuelle desdits biens, déduction faite de la plus-value, résultant des améliorations, ou une redevance annuelle égale au vingtième du prix du fonds, ainsi évalué et réduit, à dire d'experts.

» Ils auront droit en outre à la remise des fruits qui pourraient être exigés à compter du 1.er vendémiaire an 13, pour les usurpations antérieures à cette époque, conformément aux lois sur les biens communaux illégalement partagés.

» 4. Tout détenteur qui n'aurait pas rempli dans les délais déterminés, les obligations et conditions prescrites par les précédentes dispositions, sera poursuivi, à la diligence du Maire, devant le conseil de Préfecture, en restitution des terrains usurpés et des fruits exigibles.

» Dans le cas où, par l'effet de ces poursuites, il demanderait à se rendre acquéreur desdits biens, l'aliénation ne pourra lui en être faite, le vœu et l'intérêt de la commune ne s'y opposant point, que moyennant le paiement de la valeur intégrale du fonds, sans aucune remise ni modération et suivant toute la rigueur du droit commun.

» 5. Dans aucun cas, l'aliénation définitive des biens communaux usurpés, ne pourra être consommée qu'en vertu de notre autorisation et après que toutes les formalités applicables aux actes translatifs de la propriété communale auront été remplies.

» 6. Conformément aux dispositions de la loi du 9 ventôse an 12 et de l'avis interprétatif du 18 juin 1809, les conseils de Préfecture demeureront juges des contestations sur le fait et l'étendue de l'usurpation, sauf le cas où le détenteur niant l'usurpation et se prétendant propriétaire à tout autre titre qu'en vertu d'un partage, il s'élèverait des questions de propriété, pour lesquelles les parties auraient à se pourvoir devant les tribunaux, après s'y être fait autoriser, s'il y a lieu, par les conseils de Préfecture.

» 7. Notre Ministre Secrétaire d'Etat de l'Intérieur est chargé de l'exécution de la présente ordonnance, qui sera insérée au *Bulletin des Lois* ».

Tel est l'état de la législation. J'ai cru ne pas devoir citer plusieurs décrets rendus sur diverses demandes particulières. J'ai gardé le silence sur les bois communs : il paraît qu'il n'en existe pas en Bretagne. Je me suis tu aussi sur les nouveaux envahissements auxquels les biens communaux d'une certaine nature ont été exposés par suite de la loi du 20 mars 1813, envahissements réprimés par celle du 28 avril 1816. Je ne me suis pas occupé également de la législation sur les dessèchements de marais, l'extraction de la tourbe, etc. Je me suis imposé l'obligation de me renfermer entièrement dans le sujet que j'avais l'intention de traiter.

La loi de 1793 qui ordonnait le partage entre les habitants des communes, était contraire au droit de propriété et à la destination qui avait été attribuée aux fonds d'une nature communale. Ces biens en effet appartenaient à la communauté considérée *ut universitas*. On consacrait une spoliation à son préjudice par les dispositions de cette loi; on la dépouillait en faveur de simples usagers. On détruisait ainsi, et pour le présent et pour l'avenir, toutes les ressources de la généralité des habitants. Après avoir profité des libéralités de la loi, les individus qui en avaient été l'objet, pouvaient changer de domicile, transporter ailleurs leurs pénates et laisser peser le poids des charges imposées, sur les gens qui n'auraient retiré aucun bénéfice des partages.

En 1793 le législateur voulait faire cesser l'état de possession commune. Regardait-il cet état comme une calamité à laquelle il était nécessaire de mettre un terme? Etait-il conduit dans sa détermination par des vues générales d'intérêt public, ou des spéculations agricoles qui pouvaient avoir un heureux résultat? Je ne le pense pas. Les législateurs de cette époque ne s'élevaient pas à des considérations qui demandent de la maturité et un long examen. Ils voulaient attacher les prolétaires au système politique révolutionnaire; et, pour y parvenir, ils proclamaient, aux dépens des communes, une espèce de loi agraire (42). Ils se livraient à des libéralités injustes et inconsidérées, et s'occupaient si peu des intérêts de l'agriculture, qu'ils ne remarquaient pas que cette grande division des propriétés devait nécessairement lui être fatale, et que la plupart des individus auxquels des distributions étaient faites, ne pourraient en tirer parti, faute de capitaux.

La législation postérieure a justement proscrit les partages. Elle a été, il est vrai, très-indulgente envers ceux qui étaient consommés (43); mais cette indulgence était devenue nécessaire pour ne point donner à la loi un effet rétroactif. D'ailleurs beaucoup de titres ont été perdus ou détruits au milieu des troubles révolutionnaires, et il fallait, à quel prix que ce fût, mettre un terme aux réclamations judiciaires.

Les communes peuvent modifier le mode de leur jouissance. Il leur est permis d'aliéner ou de passer des baux de fermes. L'intervention de l'autorité est exigée dans ces divers cas, et l'on ne peut qu'applaudir à cette mesure qui rappelle que les communautés du royaume sont sous la tutelle de nos rois. Mais l'initiative laissée à cet égard aux conseils municipaux, paralyse les moyens indiqués par la loi, pour faire cesser la jouissance commune. Attendre la demande de ces conseils, c'est renoncer à toute espèce d'innovation. Ils sont composés le plus ordinairement dans les campagnes de cultivateurs apathiques, peu instruits, à vues rétrécies, opiniâtrement attachés à de déplorables habitudes, imbus surtout de cette fausse idée que la *compascuite* (44) est nécessaire pour soulager la misère des pauvres habitants, ou n'osant pas s'élever au-dessus des reproches et des clameurs de ces derniers. Quelques hommes fermes et éclairés se rencontrent assez fréquemment dans ces conseils; mais ils y sont habituellement en minorité, et s'ils exercent dans quelques communes rurales un honorable ascendant, dans la plupart aussi ils se livrent à de vains efforts pour opérer le bien. Trop heureux encore si l'on ne se porte pas à dénaturer et calomnier leurs intentions, et si on ne leur prête point des motifs coupables d'un intérêt privé qui ne les dirigea jamais !

Les conseils municipaux se déterminent très-difficilement à réclamer la faculté d'aliéner; il en est aussi bien peu qui prennent le parti d'affermer leurs biens communaux. D'ailleurs, ce système de ferme qui, relativement à certains terrains, peut présenter quelque utilité, est loin d'offrir généralement des avantages réels. Il doit être proscrit lorsque de longs travaux, des opérations étendues pour la mise en valeur paraissent nécessaires. La courte durée des fermes est justement considérée comme un des plus grands obstacles aux progrès de l'agriculture. Celui qui ne jouit que pour quelques années, n'étend pas ordinairement ses soins au-delà des espérances d'utilité qu'il a pu concevoir. Loin de se livrer aux dépenses indispensables pour féconder le sol, il l'épuise, afin d'en obtenir une bonne récolte, et il l'abandonne ensuite dans un état complet de stérilité. Que les fermes soient longues, il existera encore des abus et des inconvénients, car un détenteur temporaire entreprend rarement des améliorations ; il néglige ou repousse des spéculations dont il ne recueillerait peut-être pas le fruit ; il ne fait point d'avances et recule devant tous les moyens extraordinaires. Les choses restent donc dans l'état où elles étaient lorsqu'il les a prises. Pour une jouissance médiocre et incertaine, il a payé un prix peu élevé, et la commune a retiré un faible avantage de la légère indemnité pécuniaire qu'elle a reçue.

Il serait nécessaire, si les communes conservent la compascuité, que les droits de chacun fussent déterminés par des réglements. Ces réglements ne peuvent être que locaux, je le sais ; mais au moins devrait-on obliger les communautés à établir le mode et l'étendue de la jouissance attribuée à chaque habitant. Avant la révolution, sous l'empire de la plupart des coutumes, le droit était restreint et déterminé ordinairement à raison des terres que l'on faisait valoir (45). On connaît sur ce point la disposition du statut municipal Breton. Cette législation était sage et juste : elle voulait que les avantages fussent en harmonie avec les charges, et que l'habitant qui apportait une plus forte contribution à celles de la communauté, eût aussi la faculté de profiter des bénéfices dans une plus grande étendue. Aujourd'hui, il n'en est pas ainsi : la jouissance des biens communaux n'est pas fixée proportionnellement à l'étendue des propriétés ; elle doit avoir lieu par *feux* ou *chef de famille* (46), et il n'existe aucune différence dans les droits que chacun peut exercer. Il en résulte que quelques habitants commettent des abus coupables et que souvent même, au grand détriment de la commune, ils hébergent et nourrissent des bestiaux étrangers.

Les réglements devraient fixer le nombre des animaux que la commune entière pourrait envoyer sur les communs et avoir égard dans cette fixation à la quantité de nourriture que ces animaux y trouveraient. Ce nombre général devrait ensuite être divisé en faveur de chaque usager, selon l'étendue des propriétés qu'il posséderait sur le territoire communal. On pourrait accorder à l'habitant pauvre qui n'aurait aucune propriété, quelques droits dont on déterminerait l'étendue : enfin, l'on ne considérerait comme habitants que les individus qui auraient résidé sur la commune pendant deux ans (47), avec l'intention déclarée ou légalement présumée d'y établir leur domicile. Cette dernière disposition serait nécessaire, afin de ne pas y attirer une foule de vagabonds, qui pourraient s'y rendre dans l'intention de profiter des biens communs. Je n'ai pas besoin de dire que les ayants-causes exerceraient les droits de ceux qu'ils représentent. Je dois ajouter qu'il serait également nécessaire de fixer l'ouverture et la durée du temps du pâturage ; de diviser quelquefois les terrains qui y seraient soumis et de déclarer l'espèce des animaux que chacun pourrait y conduire.

Les difficultés nombreuses que je viens de signaler relativement aux partages, aux aliénations, aux fermes, au mode de jouissance des biens communaux, sont habituelles, et, comme l'on a pu s'en convaincre, elles sont de nature à présenter les plus grands inconvénients.

Mais, ces inconvéni , les éviterait-on par de sages réglements sur la jouissance commune? Je ne le pense pas. De simples palliatifs ne seraient pas susceptibles de détruire le mal : il faut l'attaquer jusques dans ses racines. La compascuité peut généralement être considérée comme une véritable calamité pour les communes et une plaie pour l'état; elle remonte bien loin, ainsi que je l'ai établi au commencement de ce mémoire; elle est recommandée, je dois en convenir, par les usages de plusieurs peuples, mais elle aurait dû cesser avec l'augmentation de la population, et si quelques nations ont continué de l'observer, nous devons attribuer cette persistance au peu de disposition que les hommes éprouvent à secouer le joug des pratiques depuis long-temps établies, à ce respect que l'on ressent pour certaines traditions que l'on n'ose même pas examiner, à des notions bornées sur l'agriculture et sur les principes les plus sains de l'économie politique. Cependant, la jouissance commune est loin d'avoir eu partout un accès facile : il est même des pays dans lesquels elle n'a fait aucune invasion, et lorsque les progrès des lumières et les données de l'expérience en ont démontré tous les abus, elle a été proscrite par la plupart des nations qui l'avaient accueillie. Profitons de l'exemple salutaire que nous avons reçu à cet égard ; empressons-nous de l'imiter et d'assurer à notre patrie tous les avantages qu'un nouvel ordre de choses pourrait facilement lui procurer (48).

Quels sont les changements qu'il conviendrait d'apporter à la législation pour faire cesser la compascuité ?

Cette question présente de grandes difficultés. Je l'ai examinée d'une manière approfondie : j'ai fait, du système que j'ai conçu, l'objet de longues réflexions. Je vais en communiquer le résultat.

La co-propriété est la source des plus grands abus. L'intérêt de l'état, celui des communes considérées comme corps et celui enfin des individus privés qui en composent la population, exige impérieusement que l'on mette un terme à une communauté infructueuse et défectueuse sous tous les rapports. Mais quel sera le mode que l'on emploiera pour faire cesser cette communauté? Une loi générale entraînerait, il me semble, de grands inconvénients ; et une mesure universelle, celle de l'aliénation, par exemple, qui serait très-avantageuse dans certaines localités, pourrait être loin de présenter les mêmes avantages sur toute la surface du royaume. Il est donc nécessaire que la législation ne soit pas uniforme et qu'elle sanctionne le système qui serait le plus utile, non-seulement pour chaque province, pour chaque département, mais encore pour chaque commune en particulier et même pour telle ou telle portion du territoire des biens communs appartenant à celle-ci.

On peut, pour faire cesser la compascuité, indiquer trois modes principaux : 1.° le partage; 2.° les baux à ferme; 3.° l'aliénation. Je vais les examiner successivement.

1.° Je me suis déjà occupé des partages. J'ai démontré combien ils seraient contraires à la destination des fonds d'une nature communale et même au droit de propriété, ainsi qu'aux intérêts de l'agriculture. Cependant, si les autres modes indiqués ne pouvaient être employés avec succès dans certaines localités, s'ils présentaient des inconvénients et que le partage offrît de son côté quelques avantages, il serait peut-être nécessaire d'y avoir recours. Dans ce cas, les communaux devraient être partagés, non par têtes et par feux, mais en raison des biens que chacun des co-partageants posséderait dans la Commune. On n'exclueraït pas les individus ne possédant aucune propriété, mais on déterminerait quelle serait la portion restreinte que chacun d'eux pourrait réclamer dans le partage général. Ces partages seraient définitifs, et, afin de ne pas spolier la commune de ses ressources, chacun des co-partageants devrait être soumis à payer annuellement et perpétuellement (49) une rente qui serait déterminée d'après l'étendue et la valeur de la portion qui lui aurait été attribuée. Si quelque co-partageant venait à mettre du retard à s'acquitter de cette rente, il pourrait être dépossédé, et sa portion serait donnée à un nouvel habitant qui contracterait les mêmes obligations que celui qu'il remplacerait, ou rentrerait dans la masse pour être partagée entre les communiers, ou enfin serait adjugée aux enchères à quelqu'autre habitant de la commune. Si l'individu expulsé avait fait des impenses, il n'aurait pas le droit de les réclamer : il serait cependant juste que l'autorité compétente eût la faculté de lui accorder (toutes parties entendues) un délai déterminé pour satisfaire à ses engagements et que ce co-partageant pût profiter de la disposition de l'article 1244 du Code Civil.

2.° Si le partage présentait des inconvénients, on pourrait avoir recours aux baux à ferme. Cette méthode offrirait un avantage, sous un rapport : ce serait celui de permettre d'élever le prix des locations aux renouvellement des baux et de pouvoir le mettre ainsi en harmonie avec la valeur toujours croissante des propriétés foncières. Mais les considérations que j'ai déjà développées ont dû démontrer qu'il est très-peu de biens communaux qui soient susceptibles d'être avantageusement affermés. On ne saurait tirer aucun parti utile, à l'aide de ce mode, de ceux pour lesquels de longs et dispendieux travaux seraient nécessaires et on ne devrait l'employer que pour les terrains que l'on pourrait ensemencer, ou pour ceux qui offriraient un pâturage assuré. Je n'ai pas besoin de dire que pour rendre ce moyen profitable et afin de trouver des gens disposés à contracter des engagements, il serait nécessaire que les fermes fussent de longue durée.

3.° Arrivons maintenant au troisième procédé que j'ai indiqué, à celui qui, selon moi, devrait avoir la préférence, à raison des grands avantages et des moindres inconvénients qu'il paraît présenter. Je veux parler de l'aliénation. Elle pourrait être opérée de deux manières : 1.° Par une vente pure et simple, moyennant un capital qui serait payé à la commune et qu'elle convertirait en inscriptions sur l'état, ou qu'elle emploierait sur le champ pour faire face à ses besoins, d'après l'autorisation qui lui en serait accordée par l'autorité publique ; 2.° par une vente sans capital payé, mais à charge d'une rente annuelle et perpétuelle qui serait payée par l'acquéreur et ses successeurs et ayants-droits. Il serait nécessaire de déroger à cet égard aux dispositions de l'article 530 du Code Civil, et de dire que la rente ne pourrait être rachetée, à moins toutefois que la commune, dûment autorisée, ne consentît au rachat.

Quelques exceptions à ces trois modes devraient cependant être établies. Il est des cantons, dans la Vendée et la Normandie, par exemple, où la *dé-paissance* commune n'entraîne aucun abus, où on la regarde, au contraire, comme très-avantageuse. On y fait des engrais considérables, et les habitants y nourrissent un grand nombre de bestiaux. De bons réglements de jouissance et d'administration seraient peut-être suffisants pour ces portions de territoire; mais on devrait cependant, tout en conservant la compascuité sur ces points, donner, soit aux conseils municipaux, soit à l'administration, le droit d'en provoquer la cessation.

On devrait encore établir une exception (comme on le faisait dans la loi de 1793) pour les places, promenades, voies publiques. On ferait bien même de conserver, pour l'utilité et l'agrément des villages, une petite étendue de terrain qui resterait commune. On pourrait défendre d'y conduire les troupeaux et ordonner d'y faire des plantations. Une mesure de ce genre avait été prescrite sous le règne du bon Henri. On voit encore près de quelques villages de vieux arbres auxquels la reconnaissance a conservé le nom d'un grand ministre : les habitants les appellent leurs Sullys.

En adoptant un des modes que j'ai indiqués, on pourrait aussi réserver pour la compascuité (si toutefois cette mesure paraissait nécessaire) une petite portion des biens appartenant à la communauté.

Le gouvernement devrait exempter de l'enregistrement les actes de vente par lesquels on ferait cesser la jouissance commune. Cette faveur ne ferait éprouver aucune perte au trésor et porterait à élever le prix de l'acquisition. D'ailleurs ces propriétés entreraient plus tard dans le commerce et les diverses mutations seraient soumises aux droits ordinaires. Ces mêmes propriétés devenant plus fertiles, seraient frappées d'impôts plus considérales, et, enfin, la prospérité de l'agriculture, la richesse répandue dans les campagnes, compenseraient toutes les pertes que le trésor pourrait faire par un premier sacrifice.

Les communes devraient aussi, dans les divers actes qu'elles passeraient, ne pas oublier l'intérêt général qui, le plus ordinairement, se confondrait avec leur intérêt particulier. Il serait nécessaire que l'on imposât, soit aux co-partageants, soit aux fermiers, soit aux acquéreurs, soit aux communiers, l'obligation de clorre les propriétés susceptibles d'être mises en culture, de dessécher les marais, d'ouvrir des canaux, de planter des bois partout où les plantations pourraient réussir. Cette dernière mesure est d'une urgence manifeste, aujourd'hui que la plus grande partie de nos forêts a disparu, par suite des confiscations révolutionnaires, des dilapidations, des ventes, des défrichements imprudents. Il est instant de réparer le mal, afin que nous puissions léguer quelques ressources à nos neveux (50). Un délai, calculé d'après l'importance des travaux, devrait être accordé pour leur confection. Ce délai pourrait même être étendu sur des motifs graves (51): mais après l'expiration de celui qui aurait été indiqué, ou du second qui aurait été accordé, le détenteur devrait être dépossédé et perdre toutes ses impenses. Il pourrait aussi, selon les circonstances, être condamné à des dommages-intérêts au profit de la commune.

Si les obligations imposées par le cahier des charges ne présentaient pas un résultat heureux et que l'on pensât qu'elles dussent être modifiées, il devrait être permis de procéder à leur rectification, *sur la demande du détenteur* et sur les observations contradictoires de la commune et des autorités que je vais indiquer.

Tels sont les moyens que la législation devrait, il me semble, sanctionner pour faire cesser un usage éminemment abusif. Mais comment parvenir à déterminer quel est le mode qui doit être préféré dans les diverses localités, et quelle sera l'autorité chargée de prononcer?

Je vais, en peu de mots, tracer la marche que l'on pourrait suivre:

Les *Conseils municipaux* seraient obligés, dans un délai déterminé, de délibérer sur les divers modes que j'ai indiqués; ils déclareraient quel est celui qu'ils regardent comme le plus avantageux pour la commune, et réclameraient, s'ils se trouvaient dans le cas des exceptions que j'ai présentées. Ils devraient joindre au procès-verbal de leur délibération un état descriptif de leurs biens, de la nature du sol, des produits qu'il serait susceptible de rapporter, des travaux nécessaires, etc.

Ces conseils devraient aussi fournir un état de leurs dettes, de leurs projets et des besoins de la commune.

Cette délibération serait adressée au sous-préfet qui la soumettrait au *Conseil d'arrondissement*, avec ses observations particulières. Ce conseil désignerait un de ses membres, qu'il chargerait de se transporter sur les lieux, assisté d'un ou deux experts et dans la saison la plus convenable pour faire un bon examen. A la session suivante, ce membre ferait son rapport et le conseil donnerait son avis. Cet avis serait présenté au *Conseil général de département*, après avoir été préalablement communiqué au Préfet et à la commune, qui auraient le droit de fournir des observations. Le Conseil de département pourrait aussi, s'il le jugeait nécessaire, déléguer un de ses membres qui descendrait sur les lieux et ferait un rapport. Ce Conseil prononcerait. Sa décision (ainsi que toutes les pièces et les actes relatifs à l'opération) serait soumise au *Conseil-d'État*, qui statuerait définitivement, et une *ordonnance du Roi* promulguerait l'arrêt qui aurait été rendu.

Ces formalités étant remplies, on procéderait à l'opération ordonnée, après les délais déterminés.

Si le détenteur voulait obtenir plus tard des changements ou des modifications, les formes à suivre seraient les mêmes que celles que l'on aurait observées pour les opérations primitives. Dans ce dernier cas, les frais devraient être supportés par le réclamant, même lorsque la décision lui serait favorable, et en faisant droit à sa réclamation, on pourrait élever le prix de l'adjudication, ou la rente, si les nouvelles conditions paraissaient devoir les laisser à un taux trop inférieur.

Il serait nécessaire, il me semble, que le législateur déclarât, pour diriger les conseils, quel est le mode qui doit avoir une préférence générale, laissant toutefois, ainsi que je l'ai dit, la faculté d'adopter d'autres moyens, lorsque les localités sembleraient exiger une dérogation. Il serait également utile qu'il enseignât que la jouissance commune doit être restreinte autant que possible, et qu'il n'est permis de la conserver, que lorsqu'il est absolument indispensable d'avoir recours à ce procédé.

Les mesures que j'ai indiquées donneraient un surcroît de travail aux conseils d'arrondissement et de département. Cependant, toutes les opérations pourraient être terminées en peu d'années. Il est facile de découvrir les motifs de la préférence que j'ai donnée à ces deux corps. Les membres des conseils d'arrondissement et de département sont choisis ordinairement parmi les propriétaires les plus imposés et les plus recommandables du pays; ils connaissent les besoins et les habitudes des communes; ils savent tout ce qu'exigent les intérêts de l'agriculture et quels sont les produits que l'on peut utilement demander dans les diverses localités.

Ils savent aussi ce que réclame l'intérêt de l'état et de la société tout entière. Ils n'ignorent pas que la jouissance commune est une calamité, et plusieurs fois, dans les vœux qu'ils sont dans l'habitude de faire parvenir au pied du trône, ils ont vivement sollicité la suppression de ses abus. On doit donc s'attendre de leur part à une coopération franche, énergique et éclairée.

Toutes les opérations ou contestations relatives à l'exécution, aux demandes de dommages-intérêts, etc., etc., seraient portées devant les conseils de préfecture. S'il s'élevait des débats de la compétence de l'autorité judiciaire, les tribunaux ordinaires en seraient saisis : les conseils d'arrondissement et de département étant uniquement appelés à indiquer le mode le plus convenable et le plus utile pour faire cesser la jouissance commune, ainsi que les conditions les plus avantageuses dans l'intérêt général de l'état et dans celui de la population des communautés (52).

Je ne sais si je m'abuse, si le sentiment de la paternité m'entoure d'illusions, mais il me semble que le système que je viens d'énoncer est d'une exécution facile, qu'il peut détruire les inconvénients du régime sous lequel nous vivons, et qu'il a surtout le grand avantage, vers lequel doivent tendre tous nos efforts, celui de concilier ensemble et l'intérêt général de l'état et l'intérêt des communautés, ainsi que l'intérêt individuel de chacun des membres qui les composent. Il consacre une règle générale, mais il laisse la faculté de la modifier selon le climat, la nature du sol, les besoins, quelquefois même l'esprit et les habitudes de la population.

Si ce système présentait quelques difficultés que je n'aurais pas prévues, il ne serait pas impossible de le rectifier. Je le donne tel que je l'ai conçu, en le recommandant aux méditations des hommes éclairés qui, dans un honorable zèle pour le bien public, ont provoqué le travail auquel j'ai osé me livrer. Ils pourront ne pas partager mes doctrines, mais ils les examineront, je n'en doute pas, avec une indulgence dont j'éprouve le besoin et dont je sens tout le prix. Nous nous entendons sur un point capital ; nous tendons tous vers le même but ; nous voulons que la compascuité cesse. Nous désirons voir disparaître ces landes immenses, qui présentent l'aspect d'un désert ; ces marais infects, qui répandent autour d'eux d'insalubres émanations ; ces forêts dégénérées, qui déshonorent le sol français.

Convertis en propriétés privées, ces biens, d'un produit presque nul aujourd'hui pour l'espèce humaine, seront arrachés à la stérilité et à la dévastation. Riches des ressources qu'elles trouveront dans un changement de système, les communes pourront faire face aux charges qui leur sont imposées, se livrer à de grandes entreprises, ouvrir des routes, réparer celles qui existent déjà, assurer entr'elles des moyens de communication et par conséquent de prospérité. De nouveaux travaux d'agriculture emploieront une plus nombreuse population; des émigrations ne seront plus nécessaires; et fixés au sein de leur patrie, nos cultivateurs ne se verront pas obligés d'aller établir des colonies sur des terres étrangères. Des essais tentés par les grands propriétaires feront participer tous les habitants aux bienfaits des découvertes modernes. Les mœurs perdront aussi de leur dépravation, et l'on préviendra les désordres, résultat inévitable d'une honteuse oisiveté.

« Mais le pauvre, me dira-t-on peut-être, le » pauvre ne figure pas dans ce tableau d'une pros- » périté toujours croissante. Vous l'abandonnez, » sansdoute, et n'accordez aucune pitié à son sort».

Ne nous laissons pas égarer par une fausse philantropie et sachons reconnaître quelles sont les véritables sources de la richesse et du bonheur. Nous les trouverons dans le travail et les occupations sérieuses. Procurons donc au pauvre des moyens et des occasions de se livrer au travail, et retirons de ses mains une propriété fatale qui perpétuerait l'état de misère dans lequel il vit. Excitons son émulation et son industrie; combattons ces dispositions à l'oisiveté auxquelles il n'est malheureusement que trop enclin, et nous parviendrons ainsi à lui assurer des ressources qui ne lui manqueront jamais.

Je suis arrivé au terme de la carrière que je m'étais proposé de parcourir. J'ai émis des opinions que je crois vraies : j'ai professé des doctrines que je regarde comme salutaires. Le système que j'ai adopté peut renfermer des erreurs ou des imperfections, mais j'ai cherché la vérité de bonne foi, et j'applaudirai aux observations qui seraient de nature à ratifier mes idées. On ne se laisse point influencer par des considérations d'amour-propre, lorsqu'on n'a eu d'autre but que le bien public et que l'on a voulu remplir un devoir.

FIN DU MÉMOIRE.

APPENDICE.

(1) Saint-Isidore de Séville pense que ceux qui divisèrent les terres, en laissèrent une portion dans l'indivision et la jouissance commune. Il dit dans ses *origines* ou *étymologies*. « *Compascuus ager dicitur qui* » *à divisoribus agrorum relictus est ad pascendum* » *communiter vicinis* ». (Lib. 15, cap. 13, p. 1203 de l'édition du corps des auteurs latins, par Denis Godefroy).

(2) J'ai fait à cet égard des recherches multipliées ; elles n'ont pas été entièrement vaines. Je vais citer les divers textes des auteurs ou des lois qui m'ont paru avoir quelque rapport aux propriétés communes chez les Romains :

Relicta sunt et multa loca quæ veteranis data non sunt. Hæc variis nominationibus per regiones nominantur; in Etruriâ Communia *vocantur* (*aggenus urbicus de controvers. agr.*)

. . . . *Est et pascuorum proprietas pertinens ad fundos, sed in commune, propter quod ea* compascua *multis in locis, in Italiâ* Communia *appellantur* (*frontinus de Limit. agror.*)

. . . . *Possessiones publicas jubemus restitui ità ut justis æstimationibus locentur quò cunctarum possit civitatum reparatio procurari* (*cod. theod.*, tit. 3, art. 1).

Plures ex municipibus qui diversa prædia possidebant saltum communem ut jus compascendi haberent, mercati sunt, etc. (l. 20, § 1, ff., *si servitus vindicetur*, etc.)

An igitur cives Romani urbem tantùm tenuerunt atque hunc solum quem circumpscripsi agrum? non opinor. Imò verò multos etiam in Latio et in Italiâ agros coluerunt publicos *vel* privatos. *Neque enim illud dubium est, majorem Italicorum Latinorumque partem, agris à Romanis esse multatam, eosque agros aut plebi Romano esse divisos aut publicos factos arandos civibus Romanis datos* (*Carolus sigonius de Antiquo jure Civium Romanorum*).

(3) L'histoire ne dit point comment les Francs s'accommodèrent pour le partage des terres. Ces partages se firent, sans doute, d'après les usages établis par les Goths et les Bourguignons, c'est-à-dire; en trois portions: deux pour les vainqueurs, et la troisième pour les vaincus. (Voyez Daniel, *Hist. de France*, t. 1er.)

La loi des Visigoths portait: *que le Romain n'usurpe rien des deux parts du Goth, et que le Goth n'usurpe rien du tiers du Romain; mais que le partage qui a été fait entre les parents et les voisins, ne soit point changé par leurs héritiers.*

On peut consulter, sur le partage des terres fait par les Goths et les Bourguignons, Montesquieu, *Esprit des Lois*, livre 30.

(4) L'histoire du vase de Soissons, tout en nous apprenant qu'il existait des règles pour le partage du butin, nous apprend aussi que les Francs étaient dans l'habitude de s'emparer, dans leurs invasions, de tout ce dont l'armée pouvait se charger. Grégoire de Tours

(liv. 2 chap. 27) dit qu'ils prenaient l'or, l'argent, les meubles, les vêtements ; les hommes et les femmes.

(5) Les Francs agirent avec la même modération que les Bourguignons ; ils ne dépouillèrent pas les Romains dans toute l'étendue de leurs conquêtes. Qu'auraient-ils fait de tant de terres? (Montesquieu, liv. 30, chap. 8. *Esprit des Lois*).

(6) On comptait dans les Gaules 150 cités, lorsque Clovis en fit la conquête. Ce Roi laissa subsister en leur faveur l'ancien système municipal établi par les Romains. Sous la première race de nos Rois, les cités continuèrent d'exister ; mais leurs franchises leur furent plus tard enlevées, et le gouvernement féodal remplaça partout le régime municipal. On sait comment les chartres des communes ont été depuis concédées.

(7) Loyseau (Traité des seigneuries, n.° 55 et suivants) a avancé que les Francs, lors de leur invasion, confisquèrent toutes les terres et réduisirent les habitants à la servitude (1). Ce système est démenti par l'histoire et la législation. Il n'est pas à présumer d'ailleurs qu'une population nombreuse et belliqueuse eût consenti à se courber tout entière sous le

---

(1) Quelques autres auteurs qui ont écrit sur *l'Histoire de France*, ont adopté le système de Loyseau. Parmi ceux-ci, on peut citer M. le comte de Boulainvilliers qui regardait le régime féodal, comme le chef-d'œuvre de l'esprit humain, et dont les théories semblent être, ainsi que l'a dit Montesquieu, une conjuration contre le tiers-état. M. de Boulainvilliers dit cependant dans son *Histoire de l'ancien gouvernement de la France* (t. 1.er, p. 35.) « Il est vrai toutefois, qu'entre les Gaulois, il y en eut plusieurs » qui conservèrent ce que l'on appelait l'ingénuité et qui gar» dèrent leurs terres en tout et en partie. »

servage. Il n'y a qu'à ouvrir l'histoire, dit Montesquieu, *pour voir que les Romains ne vivaient pas plus dans la servitude chez les Francs, que chez les autres conquérants des Gaules.*

On pourrait ajouter que le système même des *compositions* pour les crimes commis, soit envers les conquérants, soit envers les vaincus, et les distinctions que la loi salique établissait entre le seigneur Franc et le seigneur romain, entre le franc et le romain de condition médiocre, prouvent que la servitude ne fut point générale et que tous les vaincus ne furent pas serfs ou demi-serfs, comme Loyseau l'a soutenu, puisqu'il existait des *Romains seigneurs* et des *Romains de condition médiocre.*

Quelques autres considérations viennent encore appuyer ces observations. Nous savons qu'un grand nombre de Romains suivirent la cour des Rois Francs et que de hauts emplois (notamment les dignités du clergé) leur étaient réservés. Ils étaient les seuls à posséder les lettres et les sciences; eux seuls par conséquent étaient aptes aux fonctions qui exigeaient d'autres connaissances que celles de la guerre. Les Francs, en entrant dans les Gaules, y trouvèrent beaucoup de serfs: les uns vivaient dans une servitude *réelle et personnelle*; d'autres étaient sous le poids d'un servage seulement *personnel.* Les vainqueurs ne rendirent pas la liberté à ces esclaves; ils en augmentèrent même le nombre au moment de la conquête; mais c'est une erreur que de prétendre que tous les peuples vaincus devinrent serfs (1).

(1) Du temps de Charlemagne, on s'occupait déjà d'adoucir la servitude. Un capitulaire de ce grand prince permettait aux serfs de se présenter eux-mêmes devant l'empereur pour exposer leurs griefs. cap. 1. p 339).

Je n'ai pas besoin de dire que par le mot *Romain* les barbares entendaient désigner les individus qui vivaient sous l'empire de la loi Romaine, c'est-à-dire, toute la population des Gaules, sans distinction d'origine. Cette région était en effet devenue entièrement Romaine, et lorsque les peuplades germaines en firent la conquête, les Gaulois parlaient latin, étaient soumis aux lois de leurs premiers conquérants (1) et avaient adopté leurs usages. En un mot, il s'était fait une fusion entière des deux peuples.

Je n'ai pas besoin également de faire remarquer que la dénomination de *Barbare* n'était point regardée comme une injure et que les vainqueurs se la donnaient eux-mêmes dans leurs lois, pour se distinguer des Romains.

(8) Montesquieu, en parlant de l'obscurité de notre histoire et de nos lois sous la première race, dit : *il semble que tout est mer et que les rivages mêmes manquent à la mer.* Cette assertion est loin d'être inexacte; mais elle ne peut recevoir d'application relativement au point historique que j'ai indiqué, en

---

(1) C'est-à-dire aux constitutions recueillies dans les codes connus alors sous le nom de codes *Grégorien*, *Hermogénien et Théodosien*, aux novelles des empereurs et aux livres des jurisconsultes. *Fleury* nous dit, en son histoire du droit françois, que ces livres des jurisconsultes, étaient ceux qui étaient autorisés par le code Théodosien, savoir : ceux de Papinien, Paul, Gaïus, Ulpien, Modestin, et des autres dont ils allèguent les autorités qui sont : Scevola, Sabin, Julien et Marcel. Fleury ajoute que cette restriction fait voir que les livres des autres jurisconsultes dont nous trouvons des fragments dans le digeste, n'étaient point observés ou n'étaient pas connus en occident

avançant que les Rois francs laissèrent aux divers habitants des Gaules les lois et les coutumes sous l'empire desquelles ils avaient vécu jusqu'au moment de la conquête. Ce fait est parfaitement éclairci. Les Francs observèrent la loi salique : la loi *Gombette* , c'est-à-dire la loi réformée par *Gondebaud*, était celle des Bourguignons : les Goths restèrent en possession de leur législation et de leurs coutumes ; enfin, le droit Romain continua de régir le reste de la population; et, dans le silence des lois des *barbares*, on avait recours à ce dernier droit, pour remplir les lacunes et les omissions. Les ecclésiastiques qui, ainsi que j'en ai déjà fait l'observation, étaient en grande partie Romains, vivaient tous sous la loi Romaine. Ils devaient nécessairement la préférer, puisqu'elle leur fournissait le moyen de conserver les immunités et les priviléges qui leur étaient accordés par les constitutions des Empereurs.

(9) La matière des fiefs est la partie la plus obscure de notre histoire. On peut facilement s'en convaincre, dès qu'on cherche à l'approfondir, et que, pour y parvenir, on se condamne à parcourir les nombreux traités qui ont été publiés à cet égard. *Un chêne antique s'élève*, dit Montesquieu, *l'œil en voit de loin les feuillages ; il approche, il en voit la tige ; mais il n'en aperçoit point les racines ; il faut percer la terre pour les trouver.* Dumoulin est le premier qui soit parvenu à jeter quelque lumière sur le système du gouvernement féodal, à en rapprocher les principes, à en développer les conséquences : aussi son traité des fiefs est-il regardé avec raison comme la pierre

angulaire de notre jurisprudence féodale. Ce célèbre jurisconsulte, et après lui plusieurs publicistes, parmi lesquels on ne peut oublier l'un de nos plus grands hommes, le président Montesquieu, ont établi (et leur opinion n'éprouve pas aujourd'hui de nombreuses contradictions) que ce système n'a point été puisé dans les usages des Romains; que son origine et ses développements appartiennent aux anciens peuples du Nord, à ces nations barbares qui, plusieurs fois vaincues par Rome, ont fini par lui arracher l'empire du monde. Je ne tenterai pas de combattre cette opinion qui me paraît établie sur des raisons que je regarde comme décisives: l'opinion contraire n'a pu prévaloir que dans un temps où l'on possédait très-peu de notions sur notre ancien droit national. Je me permettrai cependant de faire observer que les Romains avaient fait un premier pas vers ce gouvernement, en distribuant des *bénéfices* à leurs soldats sur les frontières des pays ennemis. Cette circonstance n'échappa peut-être pas aux observations des barbares; ils sentirent les avantages que pouvait présenter cette institution, et ils se portèrent à imiter et à développer ce qu'ils avaient vu faire si près d'eux. Ils durent s'y déterminer d'autant plus facilement que ce système était en harmonie parfaite avec leurs mœurs et leurs usages.

L'histoire Romaine ne laisse aucun doute sur ces distributions de terres à bénéfices faites aux soldats. Ceux-ci, il est vrai, ne les regardèrent que comme une espèce de solde militaire; ils conservèrent toujours l'esprit de retour à Rome, et peu d'entre eux consentirent à profiter du caractère d'hérédité qu'*Alexandre Sévère* attacha à ces possessions, en leur imposant (comme les Francs le firent plus tard) l'obligation perpétuelle du service militaire (1).

Quelques écrivains ont pensé que la première érection des fiefs venait des Lombards. Ils se sont fondés sur ce que les premiers auteurs qui aient écrit sur cette matière, étaient consuls de la ville de Milan.

(10) Fremainville (traité du gouvernement des communautés, etc.) a prétendu que les communaux avaient été formés au moment même de la conquête des Gaules par les Francs. Les vainqueurs, dit-il, parta-

---

(1) Une réponse du célèbre jurisconsulte Paul, qui vivait sous le règne d'Alexandre Sévère, rappelle ces distributions (ff. l. XI de evict.

Nous lisons dans Lampride : *Sola quæ de hostibus capta sunt limitaneis ducibus et militibus donavit ità ut eorum ità essent* SI HÆREDES EORUM MILITARENT NEC UNQUAM AD PRIVATOS PERTINERENT, *dicens attentiùs eos militaturos si etiam rura sua defenderent* (Lamprid. in Alexandro).

C'est sans doute ce passage de Lampride qui a porté l'auteur de l'un des nombreux traités sur les antiquités romaines qui se trouvent dans l'immense collection de Grævius, à dire qu'Alexandre était le premier empereur qui eût fait des distributions de cette nature.

Cette assertion renferme une erreur. Alexandre Sévère fut le premier qui attacha à cette libéralité un caractère d'hérédité, et c'est ce que Lampride semble enseigner dans le passage que j'ai cité : mais avant cet empereur, on avait distribué des *bénéfices*. La question adressée à Paul paraît l'indiquer. On lui parle des possessions *veteranis in præmia adsignatas*, et puisque des discussions judiciaires s'étaient déjà élevées à cet égard, il est à présumer que ces distributions étaient antérieures au règne d'Alexandre Sévère. D'ailleurs, un affranchi d'Auguste dans son ouvrage intitulé *de limitibus constituendis*, nous atteste que du temps de cet empereur, on distribuait déjà des *bénéfices* aux soldats. *Dolabella* (de limitibus agrorum) nous l'apprend également.

gèrent les terres : les seigneurs reçurent des *fiefs* ou *bénéfices* des mains du souverain ; et chacun d'eux, pour peupler son canton et y appeler des habitants, donna aux cultivateurs des places communes pour le pâturage, etc.

Ce système est très-simple ; mais il est en partie démenti par les faits, et il m'a semblé qu'il devait éprouver les modifications que j'ai établies dans celui que j'ai adopté.

Frémainville paraît penser que toutes les terres distribuées aux vainqueurs furent données à titre de *bénéfices* : c'est une erreur. Il y eut un partage, il est vrai ; mais les *leudes* ou *fidèles* eurent seuls des *bénéfices*, et par conséquent le nombre ne dut pas en être très-considérable au moment de la conquête. Les libéralités communes aux généralités d'habitants, n'auraient donc pas été multipliées, et cependant nous savons qu'elles furent nombreuses. Il m'a semblé qu'il convenait dès-lors de descendre dans l'histoire (si je puis employer cette expression) et d'arriver au moment où les fiefs devinrent héréditaires. A cette époque, on changea les *alleux* en *bénéfices*, à raison des avantages qu'on y trouvait. La manie d'inféoder était telle, que l'on donnait en fiefs des repas, des rentes, etc. L'on connaissait les fiefs d'*agence*, de *procuration*, de *garde*, de *pléjure*, l'on inféodait même le ministère d'*avocat*. La France vit dénaturer la plupart des terres libres qui existaient auparavant, et elle fut couverte de fiefs.

Il est à présumer que ce fut alors que les seigneurs cherchèrent à attirer des vassaux sur leurs terres par la perspective de quelques avantages. L'histoire ne nous dit point que la dépopulation ait été très-considérable au moment de la conquête, et il serait nécessaire d'en supposer une bien grande, pour que les terres aient manqué de cultivateurs. La barbarie se répandit successivement sous les successeurs de Clovis; elle ne fut arrêtée qu'un instant par les efforts de Charlemagne et pénétra après ce grand homme dans toutes les classes de la société. Les guerres civiles, les invasions des Normands, causèrent des dévastations inouies et amenèrent les plus déplorables calamités. Ces considérations me portent à penser que ce fut au moment que les fiefs devinrent héréditaires, que la dépopulation fut telle qu'on dût appeler des habitants sur les terres des seigneurs. Remarquons bien d'ailleurs qu'un propriétaire précaire ne cherche pas à améliorer, et qu'il ne fait habituellement aucunes tentatives pour augmenter des produits dont il ne jouira peut-être pas. Il en est autrement de celui qui sait qu'il transmettra une propriété à ses enfants ou à ses héritiers naturels : celui-ci travaille et pour le présent et pour l'avenir. Propriétaires amovibles, les possesseurs des fiefs ne durent point faire de grands efforts pour augmenter la richesse de leurs possessions. Ils durent aussi agir d'après une méthode entièrement opposée, lorsque les fiefs devinrent héréditaires et patrimoniaux.

(11) On peut consulter notamment l'ordonnance d'Orléans de 1560 (art. 106), l'édit de 1567; l'ordonnance de Blois de 1579 (art. 284); l'édit de 1600 (art. 37); les ordonnances de 1629, 1667 et 1669.

(12) La maxime *nulle terre sans seigneur* existait depuis longues années en Bretagne, lorsqu'elle fit une invasion en France sous le règne de François I.er Le parlement de Paris l'adopta pour établir de l'unité dans la justice, et décida qu'il n'y avait point de justice allodiale en France. Les seigneurs détournèrent ou firent détourner ce principe du sens qu'on avait voulu lui donner, et la maxime qu'ils proclamèrent devint si bien un axiome de droit, que Bourjon nous dit (t. 1.er, p. 264), qu'elle avait sa ruine dans le maintien de l'ordre public et que le droit commun du royaume n'admettait aucun *franc-alleu* sans titre. Cependant, dans les pays de droit écrit et sous quelques coutumes, on décidait que tout héritage était réputé franc, si le seigneur dans la justice duquel il était situé, ne prouvait le contraire. Dans d'autres coutumes, le *franc-alleu* n'était point réputé exister de droit ; mais il était reçu lorsqu'on pouvait l'établir sur un titre particulier : c'était à celui qui soutenait l'allodialité, à en fournir la preuve.

Dumoulin nous atteste (en son traité des fiefs) qu'il réclama contre le sens que l'on voulait donner à la maxime : *nulle terre sans seigneur.* Il prouva qu'elle n'avait été reçue en France que pour la justice, et qu'elle établissait, que sous ce rapport seulement, il n'y avait point de terre qui ne relevât du Roi médiatement ou immédiatement. Il apprend que l'on avait faussement supposé l'insertion de cette maxime sur les registres de la Chambre des Comptes. Il ajouta qu'elle était contredite par les faits, puisque, même sous la coutume de Paris, il existait des francs-alleux et que d'autres coutumes avaient fait de l'allodialité le droit commun de leur territoire. L'autorité de ce grand jurisconsulte fut méconnue, et l'on continua de donner le sens le plus étendu à la maxime dont je viens de parler.

(13) Ce fut à cette occasion que l'Armorique reçut le nom de *terre létique*, dénomination que l'on attribuait à toutes les terres qu'on distribuait avec la charge de les défricher, de les défendre et de fournir un certain nombre de soldats dans les armées de l'empire.

(14) On peut citer notamment la révolte qui eut lieu sous Alain III.

(15) Duparc-Poullain (t. 2, p. 74, n.° 5, de ses principes) dit : « Dans le principe, en France et » dans le reste de l'Europe, les fiefs n'étaient pas » héréditaires, et, par ce motif, on les appelait bé- « néfices. Mais en Bretagne, il n'y a pas la moindre » trace de cet ancien usage et *il y a de fortes rai-* » *sons pour croire que dès l'établissement des fiefs en* » *cette province, ils ont été héréditaires* ». Duparc n'apporte aucune preuve à l'appui de cette assertion, qui est contredite par les historiens de la province et notamment par Hévin, dont j'invoque l'autorité avec une grande confiance, car ce savant fut, non-seulement un profond jurisconsulte, mais encore un historien distingué. On connaît ses recherches laborieuses sur l'histoire de la Bretagne, et personne n'a mieux connu que lui les traditions, les chroniques et les chartres de cette province. On peut voir ce qu'il dit sur les fiefs dans ses questions féodales, ses consultations et ses notes sur *Frain*.

(16) Avant d'aller plus loin, il est nécessaire de s'entendre sur la signification de certaines expressions employées relativement aux fiefs et aux droits féodaux. Je chercherai de préférence ces définitions dans les auteurs Bretons, puisqu'il s'agit ici d'expliquer la coutume de cette province.

Le *féage* ou *inféodation* était un acte par lequel un seigneur qui avait un domaine noble, le transportait à titre de fief à un individu qui, par ce moyen, devenait son homme de fief, sujet ou vassal. Si l'héritage était donné pour être tenu noblement, c'était ce qu'on appelait *féage noble.* S'il était donné à charge de le tenir roturièrement, c'était le *féage roturier* (Hévin, consult. 77, et quest. féod., p. 117.) Autrefois on appelait *féage* ou *pur féage*, ce qui était tenu noblement, et *cens*, *censie* (*censive* en France), ce qui était tenu roturièrement. Ces mots ont souvent été confondus et employés l'un pour l'autre par les coutumes. (Hévin, quest. féod., p. 116 et suiv. — 77 consult. — Annotations sur Frain, p. 384, édition de 1784. — Duparc, Principes, t. 2, p. 85. — V. aussi les notes de ce jurisconsulte sur divers articles de la coutume. — V. encore un acte de notoriété du 14 janvier 1738. Journal du Parlement, t. 2, p. 638.) Le féage était considéré comme un contrat gratuit; mais il pouvait être chargé de redevances onéreuses et emportait avec lui seigneurie, justice, lods et ventes, rentes et autres droits seigneuriaux. (V. les autorités déjà citées et Duparc, t. 2, p. 73, 77 et 86.)

Afféager signifiait donner à féage (V. les autorités ci-dessus citées, et en outre d'Argentré sur l'art. 59 de l'ancienne coutume. Hévin sur Frain, p. 802 et suivantes.) On ne pouvait afféager que le domaine ancien de la seigneurie, ou celui qui en relevait et qui y avait été réuni, car le principe de fief n'était attaché qu'à ce domaine ancien; au lieu que les domaines qui y avaient été annexés, ne participant point à ce principe de fief, ne pouvaient être susceptibles d'afféagement. (Duparc, coutume, t. 2, p. 631, Principes, t. 2, p. 80, n.° 20.) L'afféagement devant être considéré comme un contrat gratuit, n'était point valable, lorsqu'il était fait par vente; et comme il pouvait causer au seigneur supérieur la perte de quelques casuels utiles, l'art. 359 de la coutume avait défendu de prendre plus de cent sous par journal pour deniers d'entrée; mais il permettait de stipuler une rente aussi forte que le seigneur le voulait. Cet article 359 ne parlait que du domaine inculte; il s'appliquait cependant au domaine cultivé. (V. Duparc, Principes t. 2, p. 80, n.os 23 et 24. — Coutume, notes sur les articles 358 et 359.)

Assens. L'assens était la taxation que le seigneur faisait payer dans les forêts, landes, galois, etc., pour chaque tête de bétail qu'on y menait paître, ou pour les porcs dans le temps du gland. (V. Hévin., consult. 47. — Duparc, Principes, t. 2, p. 289. — Coutume, art. 255.)

(17) Je n'ai point à m'occuper dans ce mémoire des *domaines congéables*, genre de propriété tout particulier à la Basse-Bretagne. On dut l'établir au moment des premières émigrations qui furent faites dans l'Armorique. Il eut pour résultat le défrichement d'une partie des forêts et landes immenses dont elle était couverte.

Je ne parlerai pas davantage de ces terres que la très-ancienne coutume et les anciens titres appelaient *défais*, et que la nouvelle désigne sous le nom de *domaines en défense* et *terres défensables*. Tout ce qui concerne ces diverses matières m'éloignerait de mon sujet et m'entraînerait beaucoup trop loin.

(18) V. Principes de Duparc-Poullain, t. 2, p. 75, n.° 6.

(19) V. sur l'époque de la rédaction de la très-ancienne coutume Hévin, 107.e consult., p. 531. — Questions féodales, p. 132 et 241. — Annotations sur Frain, p. 558.

Le chapitre 24 de cette coutume portait : « nul ne » nulle ne peut, ne ne doit avoir terres ou autres héri- » tages sans en avoir seigneur, etc.

En lisant ce chapitre de l'ancienne coutume, on peut se convaincre facilement que la maxime en Bretagne n'était point seulement relative à la justice, mais qu'elle s'appliquait au domaine direct. Ce fut de cette province, sans doute, qu'elle passa en France postérieurement à l'union qui eut lieu sous François Ier.

On peut consulter sur cette maxime d'Argentré, dans ses observations sur l'art. 328 de la nouvelle coutume.

(20) V. chap. 254 de la très-ancienne coutume, l'art. 372 de la coutume de 1539 et l'art. 393 de celle de 1580.

(21) V. sur ce qu'on entendait par *aveu* et par *impunissement*, Duparc, Principes, t. 2, p. 168 et 177.

(22) V. au Journal du Parlement (t. 5, p. 762) un arrêt à la date du 5 juin 1776.

Je ne dois pas omettre de dire que lorsque le seigneur accordait à des vassaux en particulier le simple droit de communer sur les terres vaines et vagues, il fixait souvent le nombre de bestiaux qui y seraient envoyés. J'ai vu des actes d'assencement dans lesquels la rétribution était dans le principe de cinq sous par tête de bétail. Plus tard, elle fut portée à 20 sous, et enfin à 4 l.

(23) Cette proposition exige quelques développements.

Les Rois de France ont rendu, comme je l'ai déjà dit, divers édits ou ordonnances pour faire restituer aux communautés d'habitants les biens usurpés à leur préjudice. On reconnaît que la plupart de ces édits ne sont pas applicables à la Bretagne; mais j'ai parcouru quelques consultations et divers mémoires sur procès, dans lesquels on invoque notamment.

1.° L'édit de 1566;

2.° L'ordonnance des eaux et forêts de 1669 (1).

On prétend que ces actes de législation ont renversé le système coutumier de la province, et que dès-lors

---

(1) Je ne parle pas des autres édits, que j'examinerai cependant dans la discussion; je ne m'occupe pas également de celui de 1667, relatif surtout à la répression des usurpations commises envers les communaux. Ce que je dis sur les deux que j'ai cités peut s'appliquer à toutes les déclarations émanées à c[illegible] de l'autorité souveraine. J'ajouterai que Duparc (t. 2, p. 3[illegible] [illegible]aiv.) a démontré de la manière la plus évidente que l'édit de 1667 ne pouvait recevoir aucune application en Bretagne.

en Bretagne on ne peut plus argumenter des dispositions particulières du statut municipal.

La question soulevée est très-grave; elle a été examinée par la plupart des jurisconsultes Bretons. Ils ont soutenu que les ordonnances n'avaient modifié en rien le système coutumier (1). Il serait difficile de ne pas donner une entière adhésion aux principes qu'ils ont établis. On peut examiner les développements dans lesquels ils sont entrés à cet égard.

Je vais, de mon côté, traiter cette question; mais je l'envisagerai sous un aspect entièrement nouveau, et je laisserai de côté la plupart des raisons de décider déjà présentées, car il me semble qu'il est inutile de les reproduire. Je ferai valoir des moyens de droit public qui ont été oubliés par les jurisconsultes que j'ai cités. J'argumenterai également de divers actes dont ils n'ont pas parlé et que l'examen des recueils des ordonnances et surtout celui des procès-verbaux des états généraux de la province, m'a fait découvrir.

La très-ancienne coutume de Bretagne accordait, comme on le sait, la propriété des terres vaines et vagues aux seigneurs dans les fiefs desquels elles étaient situées; elle ne reconnaissait pas de communaux, et elle repoussait la simple possession immémoriale.

La province fut solennellement unie à la France sous François I.er en 1532. Par des lettres-patentes

---

(1) V. d'Argentré, sur l'article 277 de l'ancienne coutume. Hévin, Questions féodales, p. 180 et 193. = Duparc, principes, t. 2, p. 371 et suivantes. = Varsavaux (traité des C.es imprimé à Nantes, sans nom d'auteur, en 1759), p. 137, 190 et suivantes. Duparc et Varsavaux, s'occupent des ordonnances les plus récentes; d'Argentré et Hévin, de celle de 1566.

données au mois d'août et au mois de septembre de la même année, ce monarque confirma tous les droits et priviléges de la Bretagne, et il révoqua tout ce qui aurait pu être fait antérieurement contre la coutume du pays.

Le 15 février 1538, le Roi chargea des commissaires d'afféager les terres vaines et vagues qui dépendaient de son domaine.

Les états firent des remontrances par lesquelles ils demandaient, que les afféagements ne fussent point étendus aux terres vagues dépendantes du domaine des seigneurs particuliers, et firent valoir les droits que le statut municipal donnait à ceux-ci. Ils demandèrent aussi, en s'adressant, sans doute, à l'humanité du monarque (1), que l'on n'empêchât pas les habitants qui avaient eu la liberté d'exercer des actes de jouissance sur les terres mouvantes du domaine royal, de continuer de jouir comme par le passé.

Le Roi fit droit à ces réclamations, et, au mois de décembre 1538, il rendit une ordonnance (2) par laquelle il déclara qu'il n'avait point entendu préjudicier à ses sujets *qui pouvaient être en bonne possession ou jouissance par eux et leurs prédécesseurs de temps immémorial, de jouir des pâtis, bruyères*, etc. Cette dernière disposition pourrait faire croire que le souverain établissait que la prescription était un moyen

---

(1) Je ne puis à c[illegible] égard raisonner que sur une supposition, car on ne possède [illegible] registres des Etats qu'à dater de septembre 1567. Il paraît qu'il existait un registre antérieur; il fut porté à Paris par des commissaires chargés d'une liquidation en 1566, et il a été impossible de le récouvrer.

(2) V. pièces justificatives.

d'acquérir des droits sur les terres de son domaine, ainsi que sur celles des seigneurs. Cette opinion serait une erreur. Le prince voulait seulement user de tolérance envers ceux de ses sujets qui jouissaient depuis long-temps des terres vaines et vagues, et ne pas leur retirer les avantages qu'ils pouvaient y trouver. La vérité de cette explication est démontrée par la première partie de l'ordonnance même dans laquelle le Roi proclame la légitimité de la propriété des seigneurs, la consacre d'une manière absolue et annonce l'intention de ne lui porter aucune atteinte.

En 1539, une première réformation de la coutume fut faite (1), et les principes relatifs à la propriété des terres vagues furent de nouveau consacrés. Ainsi, jusqu'à cette époque, on ne pourrait argumenter d'aucune ordonnance qui leur serait contraire.

En 1566, Charles IX, qui était alors sur le trône, donna, à Moulins, au mois de février, un édit (2), par lequel il ordonna d'accenser les terres vaines et vagues dépendantes de son domaine. Il excepta celles dans lesquelles des particuliers ou des communes prétendraient des droits de pâturage, etc. Cet édit ne contenait aucune disposition relativement au domaine

(1) Les lettres-patentes de François I.er, pour la réformation de la coutume, sont du 16 août 1539; il est à remarquer qu'il les signa, non comme roi de France, mais en qualité de père, légitime administrateur et usufructuaire des biens de son fils, duc et seigneur de Bretagne. Les ducs de cette province, quoique sujets au ressort, avaient le droit de faire rédiger les coutumes de leur pays, attendu qu'ils étaient souverains. On sait qu'il était de maxime de droit public que le souverain seul était investi de ce pouvoir.

(2) V. pièces justificatives.

des seigneurs. Il inspira cependant des inquiétudes, et le parlement, puissant et zélé conservateur des droits de la province, en refusa, à ce qu'il paraît, l'enregistrement (1). On arrêta qu'il serait fait des remontrances, et on chargea M. Eustache Delaporte, Président aux Enquêtes, de les présenter au souverain. Ces remontrances eurent un entier succès. Le 10 janvier 1567 (2), le Roi s'empressa d'interpréter et de modifier l'édit de 1566, et il déclara qu'il n'entendait pas que les commissaires, députés pour procéder à l'afféagement, y comprissent d'autres terres que celles qui étaient de son domaine propre et non celles de ses sujets. Le Roi ajoute dans l'édit, *ni pareillement les terres qui seront tenues et possédées par aucuns particuliers ou communautés avec titres valables ou possession immémoriale.* Je répète ici une observation que j'ai déjà faite. Ces mots *possession immémoriale* pourraient porter à penser que la prescription était susceptible de faire acquérir des droits; mais cette expression fut employée, sans doute par erreur. C'était une locution de chancellerie, à laquelle on ne donna vraisemblablement aucune valeur. Cette clause, en effet, était contraire à la coutume et le Roi ne déclarait pas vouloir déroger au statut municipal. Cette dérogation, d'ailleurs, n'aurait pu avoir d'effet que pour l'avenir.

Le 27 avril 1567, le Roi rendit un nouvel édit (3) relatif à des usurpations de biens de communautés

---

(1) Cet enregistrement n'eut lieu que l'année suivante, le 25 février 1567, et à la charge des modifications portées en l'édit de 1567, qui avait été enregistré le 8 du même mois.

(2) V. Pièces justificatives.

(3) V. Pièces justificatives.

d'habitants. Sa Majesté ordonnait de les rétablir dans l'état où ils étaient avant l'édit de 1566. Dans le dernier, on parlait aussi de la *possession*; mais (je suis surpris que cette observation n'ait pas encore été faite) cette déclaration de 1567 ne devait avoir d'application que dans les provinces où il existait des communautés dont les droits reposaient sur des titres, ou pouvaient résulter d'une longue possession, et non dans celles qui étaient négatives et exclusives de ces prétentions.

Au reste, je puis laisser de côté toutes les raisons que je viens d'alléguer en faveur de mon opinion, et soutenir que, quand bien même elles paraîtraient sans valeur, on ne pourrait encore donner à ces édits le résultat que l'on a tenté de leur attribuer, et il ne me sera pas difficile de le démontrer par un moyen de droit public qui ne saurait être contesté.

On sait que les coutumes avaient force de loi dans le territoire pour lequel elles avaient été recueillies lorsque la rédaction en avait été faite d'une manière solennelle avec le concours de l'autorité du Roi, et sur les observations et le consentement des trois ordres représentant la population des provinces. On ne leur donnait point le nom de droit écrit, afin de leur conserver une dénomination qui rappelât leur origine, et surtout pour les distinguer des lois romaines, auxquelles on avait spécialement attribué ce titre.

La coutume de Bretagne, lors de la réformation de 1580, fut rédigée avec toutes les solennités exigées (1).

---

(1) V. le procès-verbal, tome premier de la coutume de Duparc. On trouve aussi dans le même volume, le procès-verbal de la réformation de 1539.

Par des lettres-patentes, le Roi en autorisa et en provoqua même la rédaction. Il nomma des commissaires qui furent investis du pouvoir d'y travailler. Des députés assistèrent, au nom du clergé, de la noblesse et du tiers-état, et toutes les dispositions furent arrêtées d'après leurs observations et leur concours.

Cette coutume devint donc la loi de la province; elle régit les personnes et les biens qui se trouvaient sous son empire. Par l'art. 328, il fut décidé que nul ne pouvait tenir de terre en Bretagne sans seigneur, parce qu'on n'y connaissait pas de franc-alleu. Ce principe passa sans opposition, et on en adopta toutes les conséquences que j'ai signalées. L'article 393, qui proscrit le droit qui pourrait résulter d'une longue possession, fut également adopté sans observations. Il fut donc décidé, par là, que toutes les terres relevaient féodalement d'un seigneur; que celui-ci avait la propriété des terres vaines et vagues, lorsqu'il ne l'avait pas concédée par un titre particulier, et, en outre, que la possession immémoriale ne pouvait lui être objectée.

Ainsi, le statut municipal renversa tous les édits qui antérieurement auraient pu lui être contraires. Il n'était plus, par conséquent, possible d'argumenter de celui de 1566, lors même que, contrairement à l'opinion que j'ai déjà émise, cet édit eût été applicable à la Bretagne (1).

Cette dernière observation me paraît de nature à détruire toutes les objections.

J'ajouterai que plusieurs fois, soit avant, soit depuis la coutume de 1580, les Rois de France ont re-

---

(1) La même raison ferait repousser tous les autres Edits antérieurs à la coutume.

connu que, comme seigneurs, ils étaient propriétaires des terres vagues qui se trouvaient sur leurs domaines. Ils ordonnaient des afféagements et ne les suspendaient que par humanité, afin de ne pas enlever au peuple des campagnes la ressource que ces terres lui fournissaient pour le pâturage des bestiaux. En fouillant dans les registres qui contiennent les procès-verbaux des états-généraux de la province, j'ai vu que, dans les années 1578, 1579, 1580, 1581, 1584, 1609 et 1643, les états avaient demandé la révocation de divers édits qui ordonnaient l'afféagement ou l'arrentement des terres vaines et vagues dépendantes du domaine. *Le peuple qui est dans une extrême misère, en a besoin, disaient-ils, pour faire paître ses bestiaux.* Les accensements, furent plusieurs fois suspendus; plusieurs fois aussi, les commissions furent révoquées.

Je dois ajouter encore que dans le procès verbal de 1609, on voit un édit du Roi qui rappelle et confirme l'édit antérieur du 10 janvier 1567, contenant les modifications dont j'ai parlé.

Occupons-nous maintenant du titre 25 de l'ordonnance de 1669. On trouve dans cette loi les dispositions les plus sages et les plus paternelles. Elle porte le cachet de la législation du grand siècle de la monarchie française. On l'a invoquée en Bretagne, et l'on a commis, il me semble, une grande erreur en élevant cette prétention. Cette ordonnance ne pouvait exercer d'empire que sur les provinces dans lesquelles les communaux étaient autorisés et reconnus par les coutumes, soit que celles-ci exigeâssent une concession, soit qu'une possession immémoriale fût suffisante, d'après leurs statuts, pour acquérir la propriété ; mais elle ne pouvait avoir la même force dans les coutumes qui, exclusives des communaux, ne permettaient d'en posséder que par exception au droit commun du pays (1).

Remarquons, d'ailleurs, que l'ordonnance de 1669 ne contient aucune clause par laquelle il soit déclaré que le Roi entendait déroger aux dispositions des coutumes, et introduire un droit nouveau dans les provinces qu'elles régissaient. Elle se termine par cette formule : « Nonobstant tous édits, déclarations, ordonnances, réglements, arrêts et autres choses à ce » contraires, auxquelles et aux dérogatoires y contenus, » nous avons dérogé et dérogeons par ces dites pré- » sentes ». Quoique les dérogations soient nombreuses dans cette formule, il n'y est cependant pas question des *coutumes*, car l'on ne prétendra pas qu'elles soient comprises dans les mots vagues : *et autres choses à ce contraires*. Pour détruire une coutume par une ordonnance, il était de principe constant qu'une clause particulière de dérogation expresse était nécessaire, lorsque l'ordonnance se trouvait opposée au droit commun, ou, dans tous les cas, lorsque, quoique conforme à ce droit, elle ne statuait pas sur des matières qui regardaient la discipline et l'administration de tout le royaume.

Il y avait tant de diversité dans les dispositions des coutumes du royaume sur les terres vaines et vagues, qu'il serait difficile d'établir quel était le droit commun. On pourrait soutenir aussi que l'ordonnance de 1669 statuait sur des matières qui ne regardaient ni

(1) Dans les cas d'exception, l'ordonnance serait applicable : V. ce que j'ai dit dans le mémoire.

la discipline, ni l'administration de tout le royaume. Réglement général pour les eaux et forêts, cette loi au titre 25, était limitative; elle ne pouvait avoir de rapport qu'aux landes, pâtis, etc., *appartenants* aux communautés et habitants des paroisses et non aux biens *qui ne leur appartenaient pas*. Par conséquent, elle était étrangère aux provinces où cette propriété n'était point reçue, ou n'existait pas. Ce fut ainsi que le souverain entendit la loi qu'il avait rendue; il pensa qu'il n'avait point dérogé aux coutumes particulières, puisqu'en Bretagne il continua d'observer lui-même le statut municipal. On ne fit aucune distraction du tiers, conformément à l'ordonnance, dans les biens du domaine du Roi. Ajoutons encore que, dans la province, on pensa aussi que l'ordonnance n'avait point dérogé aux principes de la coutume, puisqu'on n'y a jamais exécuté l'art. 1.er du titre 25.

Ces raisons suffiraient pour porter à repousser l'application de l'ordonnance de 1669. Je dois en présenter une nouvelle d'un autre ordre.

Les parlements avaient le droit, sous notre ancienne constitution monarchique, de rendre des décisions solennelles, connues sous le nom d'*arrêts de réglement*. Ces arrêts embrassaient toutes les parties de la jurisprudence et toutes les matières, soit ecclésiastiques, soit civiles. Les décisions qu'ils contenaient devaient être observées comme lois dans le ressort des cours qui les avaient rendues, aussi long-temps que le Roi n'ordonnait rien de contraire. Ces arrêts étaient rendus publics, et on les envoyait dans les diverses juridictions pour y recevoir les mêmes publications que les édits et déclarations du souverain.

Le 1.er septembre 1724, le parlement de Bretagne

rendit, en forme de réglement, un arrêt par lequel il ordonnait des poursuites extraordinaires contre les habitants qui commettaient des entreprises, sur les landes, terres vaines et vagues qui devaient être regardées comme le domaine propre du seigneur, et dont celui-ci ne pouvait perdre la propriété que par des concessions particulières.

Le 10 décembre 1736, le parlement rendit encore un nouvel arrêt de réglement (1) qui consacre les principes que j'ai établis. Un troisième arrêt de réglement fut aussi rendu le 22 mai 1756 (2). La publication de ces divers arrêts fut ordonnée, et ils devinrent des lois pour la province, puisque le Monarque les approuva, ou, dans tous les cas, ne les fit pas réformer par son conseil, qui, d'après les attributions dont il était investi, avait le droit de casser les décisions des cours souveraines (3). Le conseil même les approuva entièrement, car, saisi, à la requête d'une partie, d'une discussion qui avait été portée devant le Parlement de Rennes, il rendit, le 1.er avril 1741, un arrêt par lequel, adoptant les principes du statut municipal Breton, il fit défense aux habitants d'une paroisse de troubler leur seigneur dans sa propriété. Un

---

(1) V. journal du Parlement, t. 2., p. 256; dans l'arrêt de 1736, on fait mention de celui de 1724.

(2) Cet arrêt est rapporté par Varsavaux (p. 269).

(3) Il y avait lieu à cassation, quand les arrêts étaient rendus contre la disposition expresse des coutumes, édits, ordonnances et déclarations, et que les formalités prescrites n'avaient pas été suivies. Les arrêts en dernier ressort ne pouvaient jamais (comme aujourd'hui) être cassés, sous prétexte de mal jugé *au fond*.

autre arrêt du conseil consacra de nouveau ces principes, le 23 août 1757 (1).

Disons donc que les arrêts de réglements étaient devenus des lois pour la province. Ils consacraient les principes de la coutume dans toute leur étendue. Dès-lors, quand bien même l'ordonnance de 1669 eût été une déclaration générale, cette ordonnance n'eût pu être invoquée en Bretagne, puisque des décisions réglementaires, rendues postérieurement par le Parlement, auraient contenu une dérogation positive à ce qu'elle prescrivait.

Voudrait-on restreindre la vertu des arrêts de réglement et ne pas les considérer comme des lois obligatoires, ils resteraient cependant toujours, ainsi que ceux du conseil, comme des monuments attestant que de toutes parts on pensait que le système municipal Breton, relatif aux terres vaines et vagues, devait seul être invoqué.

Réunissons à ces autorités celle d'une jurisprudence constante conforme à ces principes, l'opinion des jurisconsultes les plus célèbres (2), et nous répéterons avec confiance que les divers édits rendus par nos Rois en matière de biens communaux, n'avaient fait subir, avant la révolution, aucune modification ou al-

(1) Varsavaux rapporte le 1.er arrêt, p. 284; le 2.e est rapporté par Duparc, t. 2, p. 387. En lisant ce dernier arrêt avec attention, on voit qu'on ne peut en tirer aucun argument contraire au système que j'ai développé, et que je suis même fondé à en invoquer l'autorité. Cet arrêt n'ordonna pas le triage, mais bien un procès verbal, pour arriver au cantonnement.

(2) Voyez, outre les auteurs que j'ai cités, un acte de notoriété de 1756, Journal du Parlement, t. 3, p. 761.; consultez aussi le même journal, t. 5, p. 762.

tération aux statuts de la coutume à l'égard des terres vaines et vagues de la Bretagne.

(24) On peut citer notamment sur ce point un arrêt du 5 juin 1776 (Journal du Parlement, t. 5, p. 762), dans lequel on lit...... *Maintient Jouquau et consorts* (c'étaient les vassaux) *dans le droit de communer au commun et marais de la Grande-Rosière; maintient de Goyon* (c'était le seigneur) *dans le droit d'accenser ledit commun et marais de la Grande-Rosière, à tous autres qu'aux Jouquau et consorts; auxquels dits Jouquau et consorts, il pourra désigner à frais communs, dans l'endroit dudit marais le plus à leur portée, à dire d'experts dont les parties conviendront, ou, sur leur refus nommés d'office, l'étendue nécessaire de terrain pour pacage aux bestiaux qui pourraient être nourris pendant l'hiver, sur les pailles et foins provenant des terres dont ils sont possesseurs et inféodés par les 30 aveux par eux produits......... si mieux n'aime ledit de Goyon, faire distraire à son profit le tiers dudit commun, dans lequel tiers seront compris les afféagements faits par lui et ses prédécesseurs depuis les 40 ans précédant la demande introductive.*

J'ai eu récemment occasion d'examiner les pièces de ce procès, et j'ai vu que les habitants, dans leurs conclusions, prétendaient que les terres vaines et vagues leur appartenaient et soutenaient que le sieur de Goyon pouvait seulement réclamer le triage à son profit.

La décision du Parlement laissant l'option au sieur de Goyon, celui-ci préféra le cantonnement, et obtint le 21 août 1781, un nouvel arrêt qui ordonna que le terrain attribué aux habitants serait de 18 journaux, *qui leur seraient désignés de proche en proche et sans tressaut, aux environs de leurs propriétés, avec défense de troubler de Goyon ou ses afféagistes dans la jouissance privative du surplus du marais.*

(25) La peine d'une punition corporelle fut prononcée par des arrêts de réglement en 1724, 1736 et 1756 contre les habitants qui s'imaginant qu'une longue possession pouvait remplacer le titre ou des aveux ayant force de titre, se permettaient de démolir les fossés que les seigneurs ou les afféagistes avaient fait construire, et coupaient les bois qui avaient été plantés. Dans l'arrêt de 1736, on ordonne des mesures de nature à faire disparaître la difficulté que l'on éprouvait de trouver des témoins. Les généraux des paroisses ou les habitants des villages voisins étaient déclarés responsables. Il est nécessaire de consulter les observations restrictives que Duparc présente relativement aux dispositions de ces arrêts. (V. Principes, t. 2, p. 385, n.° 548.)

(26) Je dis *virtuellement*. Il n'était pas nécessaire, en effet, que la dérogation fût expresse; elle résultait suffisamment de la stipulation par laquelle on concédait la propriété des terres vaines et vagues.

(27) On ne pouvait être considérée comme gratuite, d'après l'art. 5 de l'ordonnance de 1669. Cet article est ainsi conçu : « La concession ne pourra être ré-
» putée gratuite de la part des seigneurs, si les habi-
» tants justifient du contraire par l'acquisition qu'ils
» en ont faite, et s'ils ne sont tenus d'aucune charge;
» mais s'ils en faisaient ou payaient quelque recon-
» naissance en argent, corvée ou autrement, la con-

» cession passera pour onéreuse, quoique les habitants » n'en montrent pas le titre, et empêchera toute dis» traction au profit des seigneurs, qui jouiront seu» lement de leurs usages et chauffages, ainsi qu'il est » accoutumé. »

(28) Quelques auteurs ont dit que les biens communaux ne pouvaient être aliénés ; d'autres ont prétendu que l'aliénation pouvait en être faite avec certaines formalités. Ces deux propositions sont en partie vraies et en partie erronées. *Iliacos intrà muros peccatur et ultrà.*

Avant que la législation eût tracé à cet égard des règles de décision, la jurisprudence avait permis aux habitants de vendre leurs communaux; mais, pour que l'aliénation fût valable, le concours de deux conditions était exigé : 1.° la vente devait avoir une juste cause; 2.° il était nécessaire qu'elle fût revêtue des formalités indiquées, parmi lesquelles figurait l'autorisation du souverain.

Divers arrêts annulèrent des ventes faites sans ces formalités : des édits (1) autorisèrent aussi des communautés à rentrer en possession des biens vendus, lorsque ces ventes avaient eu lieu sans permission

---

(1) Voyez notamment celui de 1659. Le législateur y trace le tableau de la plupart des abus dont on se rendait coupable pour porter les habitants à aliéner leurs communaux et les obtenir à vil prix. Ces habitants furent soumis à l'obligation de rembourser aux acquéreurs, dans l'espace de 10 ans, et par dixième chaque année, le principal des sommes qu'ils avaient réellement reçues. Je dois ajouter que cet édit de 1759 n'était applicable qu'aux aliénations faites depuis vingt ans. Je ne crois pas avoir besoin d'indiquer les motifs de cette sage disposition.

et décret de justice, et dès-lors la législation parut fixée.

Plus tard, l'art. 11 de l'Edit de 1667 défendit, de la manière la plus positive, d'aliéner les usages et communes, *sous quelque prétexte que ce fût, et nonobstant toutes permissions qui pourraient être accordées à cet effet*, à peine dit l'article, *contre les consuls, échevins et procureurs syndics et autres personnes chargées des affaires desdites communautés, qui auront passé les contrats ou assisté aux délibérations qui auront été tenues à cet effet, de 3000 livres d'amende, au paiement de laquelle ils seront solidairement contraints au profit des hôpitaux généraux des lieux, de nullité des contrats et de perte du prix contre les acquéreurs qui sera délivrée pareillement auxdits hospices.*

Par ce même édit de 1667 (art. 1.er), il fut aussi ordonné que les habitants rentreraient, dans un mois et sans aucune formalité de justice (1), dans les biens vendus ou donnés à baux, à cens, depuis 1620, *pour quelques causes et occasions que ce pût être, même à titre d'échange, en rendant toutefois, en cas d'échange, les héritages échangés.* Les répétitions que pouvaient élever les acquéreurs dépossédés furent réglées par les art. 2 et 3 de cet édit, dans lequel il était également question des triages qui furent annulés depuis 1630, mais qui bientôt furent autorisés pour l'avenir par l'ordonnance de 1669.

Cette ordonnance, que je viens de citer, ne leva

(1) Quelques voies de fait qui furent commises portèrent le Roi à donner, le 14 juillet de la même année, une déclaration par laquelle il régla la marche à suivre, par les habitants, pour rentrer en possession.

pas la prohibition absolue d'aliéner : seulement il fut permis, par l'art. 7, d'affermer des *endroits inutiles et superflus, et d'en employer le prix aux réparations des paroisses et autres affaires urgentes de la communauté.*

Enfin, un édit de 1683 vint apporter quelques modifications aux dispositions qui interdisaient la faculté d'aliéner. Cet édit autorisa les habitants des *villes et gros bourgs fermés* à vendre leurs biens communaux, *en cas de peste, logement et ustensiles des troupes et réédification des nefs des églises tombées par vétusté ou incendies.* Des formalités nombreuses furent prescrites et on était tenu de les observer exactement. Le même édit renouvela, pour les autres communautés et paroisses, la prohibition d'aliénation contenue en celui de 1667. Voici en quels termes elle fut conçue : *faisons très expresses inhibitions et défenses aux habitants des autres communautés et paroisses desdites généralités* (1) *qui ne sont villes ni gros bourgs fermés, de faire aucuns emprunts, ventes ni aliénations de leurs biens communaux, sous quelque cause ou prétexte que ce puisse être. Déclarons dès à présent toutes les obligations, contrats, transactions et autres actes contenant lesdits emprunts et ventes,*

---

(1) On ne nomme dans l'édit que 18 généralités ; mais il était applicable dans toutes les généralités, soit d'*élections*, soit de *pays d'états*, lorsque, dans ces généralités, il existait des paroisses propriétaires de terres réellement communes, désignées dès lors sous la dénomination de *communaux*. On cite cet édit au répertoire de jurisprudence et dans la collection de Dénisart, comme une loi générale. Je dois ajouter que, dans le répertoire, on a omis de parler de la prohibition faite à l'égard des *paroisses et bourgs non fermés.*

nuls et de nul effet, faisant défense aux parties de s'en aider, à tous juges d'y avoir égard et aux ministres et autres officiers de justice de les mettre en exécution.

Cet édit est le dernier qui ait été rendu sur cette matière. Il est question au répertoire de jurisprudence de Guyot, et dans la nouvelle édition donnée par Merlin (verb. communauté d'habitants) d'une déclaration du 2 août 1687, qui serait relative aux aliénations de terres communes. Cette indication renferme une erreur : la déclaration du 2 août 1687 n'a de rapport qu'aux procès; elle défend aux communautés d'en intenter sans permission (1).

Je ne parle pas de la déclaration du 5 juillet 1689 : elle prescrivit des mesures relatives à la levée et à la liquidation des droits d'amortissement ; mais elle n'altérait en rien les dispositions des précédentes ordonnances; seulement elle portait qu'il était permis aux habitants d'emprunter pour *le paiement de ces droits* et d'affecter pour la sûreté de ces emprunts, les biens appartenant à leurs communautés, ou de vendre une partie des biens non amortis.

(29) On disait dans le droit Romain *hastæ subjicere* pour signifier confisquer et vendre les biens à l'encan, parce qu'on élevait une lance devant le lieu où se vendaient ces biens. Les antiquaires prétendent que ce fut Romulus qui établit cet usage. Qui ne connaît la belle exclamation de Cicéron, lorsqu'il parle dans sa seconde philippique de la confiscation et de la vente des biens de Pompée ? « *hastâ positâ pro æde jovis*

(1) V. cette déclaration dans la collection de Néron et Girard.

» *statoris bona (miserum me! consumptis enim la-*
» *crymis, tamen infixus animo hæret dolor) bona*
» *inquam en Pompeii magni, voci acerbissimæ subjecta*
» *præconis*, etc. »

(30) V. le *Moniteur* du 4 au 5 août 1789, n.° 89.

(31) Ce décret fut rendu le 12 novembre 1789 (V. le *Moniteur*, n.° 89). Le 14 décembre, l'assemblée constituante rendit un nouveau décret qui établit la première constitution des municipalités. Cette constitution éprouva plus tard des modifications.

On ne comptait avant la révolution que 42 communautés d'habitants en Bretagne. Chacune d'elles envoyait un député aux Etats. Les villes de Rennes, Nantes, Vannes, Saint-Malo et Morlaix, avaient le privilége d'en envoyer deux.

(32) Le trône légitime a toujours été en France le protecteur des franchises du peuple et le restaurateur de la liberté des sujets. A l'aide de chartres des communes qu'ils s'empressèrent autrefois d'accorder, nos Rois commencèrent à saper l'institution du gouvernement féodal et à relever leur autorité qui n'était que trop souvent méconnue. On a prétendu que les confédérations communales avaient pris naissance sous le règne de Louis VI, dit Le Gros. Il paraît qu'elles existaient déjà avant ce prince, qui les favorisa de tout son pouvoir. Cependant leur existence ne devait pas être ancienne, car Guibert, abbé de Nogent, qui écrivait en 1113, dit que les communes sont une institution nouvelle : *communia novum nomen...... et pessimum*, ajoute-t-il. Je dois dire, relativement à cette dernière qualification, que l'abbé de Nogent

était seigneur ecclésiastique, et qu'en cette qualité, il pouvait être facilement porté à blâmer les aggrégations qui devaient plus tard renverser le gouvernement féodal, et qui dès-lors lui firent perdre des redevances et des priviléges utiles et honorifiques (1).

(33) « Les biens communaux sont ceux sur la pro» priété ou le produit desquels tous les habitants » d'une ou plusieurs communes, ou d'une section de » commune ont un droit commun ». La même définition est reproduite dans l'article 542 du code civil.

Le législateur a pris pour racine du mot *communaux*, le mot *commune*, et depuis la loi de 1793, toutes les fois qu'on a employé cette expression *biens communaux*, on a voulu dire biens appartenant à une ou à plusieurs communes. Ce sera dans ce sens que j'en userai désormais. Antérieurement, comme il existait des généralités d'habitants qui ne formaient pas de communes et qui cependant possédaient des biens communs, on donnait le nom de communaux aux prés, terres, varennes, marais, etc., qui appartenaient aux habitants d'un bourg, d'une paroisse, d'un village, ou sur lesquels ils avaient le droit d'envoyer paître leurs bestiaux. On désignait aussi ces biens sous le nom de *communes* ou *communs*.

---

(1) Croirait-on qu'au XIX.e siècle un écrivain ait osé répéter le *pessimum* de l'abbé de Nogent? Un sieur L*** a publié, au mois de juin 1828, une brochure dans laquelle il a prétendu que l'athéisme et l'impiété dataient en France de l'affranchissement des communes, et que, jusqu'à cet affranchissement, notre patrie avait joui du plus parfait bonheur! Il est inutile, je pense, de réfuter sérieusement de telles propositions.

(34) V. aux pièces justificatives les arrêts rendus par la Cour de Rennes. On peut consulter, à cet égard, une savante consultation délibérée à Nantes, le 3 avril 1822, par MM. Colombel et Baron. Voyez aussi un arrêt de la Cour de Cassation. Sirey 1827, 1. 394.

(35) J'ai lu dans un mémoire sur procès que l'article 10 de la loi du 28 août 1792 n'exigeait pas une possession de droit, mais bien une simple possession de fait. Je ne saurais partager cette doctrine qui me semble contraire à la lettre et à l'esprit de la loi.

1.° *A la lettre.* Dans l'article 10, le législateur n'a accordé la propriété des terres vaines et vagues qu'aux corporations ou aux individus en possession du droit de communer. S'il eût voulu n'exiger qu'une simple possession, il eût supprimé le mot *droit*, et eût dit qu'il appelait à la propriété les personnes *en possession de communer*, etc. On ne connaît point de termes inutiles dans le langage des lois, et on ne peut supposer que le législateur en emploie par mégarde de tels qu'ils changeraient entièrement le sens de ce qu'il a eu l'intention de prescrire. On a employé dans la loi de 1792, l'expression de *droit*, parce qu'on voulait n'accorder la propriété qu'à ceux qui auraient des droits et non à ceux qui n'auraient eu d'autre privilége à faire valoir que celui de la tolérance.

2.° *Cette doctrine est contraire à l'esprit de la loi.* Je n'aurai pas de peine à démontrer cette proposition.

J'ai fouillé dans les divers recueils, et notamment dans le *Moniteur*, pour découvrir les motifs qui ont pu déterminer le législateur à prononcer l'exception contenue dans l'art. 10. Mes recherches ont été vaines; mais un membre de l'assemblée (M. Lanjuinais), dans une consultation qu'il a donnée sur cette matière, nous a dit : « On voulait que le *droit* de communer fût regardé à l'avenir comme un droit de » propriété du fonds. Voilà uniquement ce qui donna » lieu d'ajouter cet article 10 à la loi du 28 août » 1792 ». Un de mes amis, magistrat distingué, a eu la complaisance de me communiquer un extrait d'un discours prononcé en 1790 sur le droit féodal de la province de Bretagne, par M. Gagon Duchenay, député de Dinan et membre du comité de féodalité (1). « Le droit de communer, disait ce député, n'était » pas une propriété entière et parfaite ; cependant on » ne peut disconvenir qu'il n'en fût une grande partie. » Le seigneur qui avait accordé ce droit à ses vassaux, » ne pouvait, sans leur consentement, disposer d'aucune partie des terres vagues, parce que leur droit » était établi sur la totalité ».

Sur ce dernier point, M. Gagon commettait une erreur, puisque le seigneur était libre de cantonner ses vassaux ; mais l'opinion de ce député et la consultation de M. Lanjuinais nous apprennent positivement quels furent les motifs qui dirigèrent le législateur. On voulut convertir *en propriété entière et parfaite le droit de communer*, que l'on regardait *comme en étant déjà une grande partie*. La possession de fait ne parut donc pas suffisante pour autoriser les exceptions contenues en l'article 10. Cette possession ne pouvait même pas faire acquérir une servitude, d'après les principes de l'ancien droit breton, puisqu'elle était purement précaire, et que le seigneur

---

(1) Ce discours a été trouvé dans un recueil de procès verbaux que je n'ai pu me procurer.

pouvait à chaque instant mettre un terme à sa tolérance. La disposition de la loi n'avait certainement pas pour objet de faire cesser cette présomption de précaire attachée à la simple possession, car, pour parvenir à ce but l'article 10 n'eût pas été nécessaire, l'article 9 eût suffi, du moins dans l'intérêt des communes.

Remarquons maintenant que l'intention de l'assemblée législative a été de rendre une loi favorable aux communes, et de doter ces corporations au préjudice des seigneurs. Comment croire, d'après cette intention bien connue, qu'elle se serait portée à leur retirer en Bretagne le bénéfice qu'elle accordait par l'article 9 aux autres communes du royaume, et à favoriser, à leur détriment, des habitants qui n'auraient eu aucune espèce de droit à ce privilége, et qui n'auraient pu le réclamer qu'à l'aide de quelques actes précaires et de pure tolérance. Supposons, en effet, qu'une généralité d'habitants n'eût pas été usagère en 1792, et que quelques vassaux, sans droit, sans titre aucun, eussent communé, motoyé sur les terres vaines et vagues; ces vassaux seraient donc préférés à la commune, d'après la doctrine que je combats; ils excluraient donc tous les autres membres de la communauté? Ce système conduirait à des conséquences que le législateur n'a certainement pas voulu provoquer.

La loi, même dans mon système, montre envers les habitants ou vassaux en possession du *droit* de communer une libéralité que l'on pourrait regarder comme une injustice, car la disposition de l'article 10 peut conduire à accorder la propriété des terres vaines et vagues à un petit nombre d'individus (1), et à un seul peut-être dans quelques communes de la province. Cet individu cependant n'aurait eu avant 1792 d'autre droit que celui d'envoyer sur ces terres les bestiaux qu'il avait la possibilité de nourrir pendant l'hiver, à l'aide des pailles et foins de ses propriétés privées. Ce droit, très-restreint et peu onéreux, le rendrait propriétaire de terrains dont l'étendue peut être considérable (2). L'opinion émise

---

(1) On sait qu'il était très-rare, en Bretagne, que la généralité des habitants eût le droit de communer sur un terrain vain et vague; et, parmi les vassaux qui l'avaient acquis, il en est bien peu qui aient conservé leurs titres.

(2) L'on me communique, au moment même où cette feuille est livrée à l'impression, le mémoire publié par M. Colombel. Il n'est point dans mon caractère et il n'entre pas dans mes habitudes d'élever des observations de critique sur le travail d'un concurrent. Je ne puis cependant me dispenser d'examiner et de refuter une assertion émise dans ce mémoire. Cette assertion soutenue par l'autorité personnelle d'un jurisconsulte recommandable, par celle de la commission qui, non-seulement, n'a point relevé l'erreur, mais qui a même approuvé et couronné le travail, pourrait avoir les résultats les plus fâcheux pour les communes, et les engager dans des discussions judiciaires dans lesquelles elles succomberaient. D'après ces motifs, je ne puis me taire, et les égards que je dois à l'auteur du mémoire ne sauraient m'imposer un silence que j'observe sur quelques autres points.

M. Colombel dit : p. 44, « il arrivera souvent que plusieurs anciens vassaux inféodés du droit de communer négligeront de réclamer. A qui dans ce cas appartiendra la part qui leur serait incombée ? Appartiendra-t-elle aux vassaux réclamants ou bien aux communes ? Nous pensons que les communes deviennent propriétaires des parts ainsi abandonnées. »

Supposons une lande de 50 hectares, sur laquelle 50 vassaux étaient inféodés du droit de communer dans une égale proportion.

dans le mémoire dont j'ai parlé, consacrerait une libéralité bien plus exhorbitante, puisqu'elle attribuerait cette propriété à des gens qui n'auraient eu aucune espèce de droit, et qui n'auraient usé qu'en

---

Il est évident que d'après l'article 10 de la loi du 28 août 1792, chaque vassal pourrait prétendre à la propriété de deux hectares; mais si 49 de ces vassaux ne veulent pas réclamer, nous disons que le 50.e ne peut pas demander la totalité de la lande; que, même dans ce cas, il n'a droit qu'à la 50.e partie. »

Cette doctrine est essentiellement erronée. Elle est contraire et à la loi et à la jurisprudence. La loi, en effet, n'a point appelé les vassaux à la propriété des landes, dans la proportion des droits d'usage qu'ils avaient avant 1792, mais elle a donné la totalité de ces landes à ceux qui les réclameraient et qui justifieraient d'une inféodation antérieure. La jurisprudence a constamment condamné la prétention élevée par M. Colombel. On peut s'en convaincre en jetant les yeux sur les arrêts que j'ai rapportés aux pièces justificatives. Je dois avouer cependant, que cette opinion peut être appuyée par une décision de la première chambre civile de la Cour de Rennes, à la date du 27 août 1827. Mais cet arrêt qui est, il me semble, en opposition avec la loi, n'a dit-on passé, que *mutis contradi centibus*. D'ailleurs, le 28 décembre 1828, la 3.e chambre civile de la même Cour a donné de son côté une décision absolument contraire; elle connaissait l'arrêt de 1827, et elle a eu l'intention de le combattre par un de ses considérants. Je dois observer que ces deux décisions ont été rendues l'une et l'autre sur la poursuite du sieur Haentjens, acquéreur de landes en la commune de Nozay.

Le mode que M. Colombel propose serait plus juste que celui qui a été adopté par le législateur. Nous devons regretter qu'il n'ait pas été consacré par la loi. Nous disons cependant qu'il serait habituellement difficile, et très-fréquemment impossible, de l'exécuter. Car, comment connaître le nombre des individus inféodés lorsque ceux-ci se taisent? Comment établir la quantité des bestiaux qu'ils pouvaient envoyer sur les landes, ou de ceux qu'ils nourrissaient pendant l'hiver, à l'aide des pailles et foins récoltés sur leurs propriétés, lorsque les titres sont muets et que les actes ont été perdus ou détruits? La preuve testimoniale serait rarement susceptible de les

vertu d'une simple tolérance. Pourquoi, dans ce dernier cas, ne pas leur préférer les communes, et ne pas rentrer dans le droit commun par l'application de l'article 9 de la loi ? Pourquoi dépouiller des généralités d'habitants de propriétés que le législateur a voulu leur accorder ? Que la compascuité cesse d'exister, mais combattons-la par des moyens légitimes, ne dénaturons pas les expressions des lois, ne les détournons pas du sens que l'on a entendu leur attribuer.

Supposons maintenant le concours de deux individus réclamant un terrain vain et vague. L'un argumente d'une concession antérieurement faite à lui ou à ses auteurs du droit de communer. L'autre n'allègue qu'une simple possession. Auquel des deux les tribunaux accorderont-ils la propriété ? Préféreront-ils le premier ? Mais si le système que je combats était fondé, le second aurait aussi à cette propriété un droit incontestable, puisqu'il serait basé sur la loi.

---

remplacer. Dans cet état de choses, et surtout d'après la loi de 1792, loi que les tribunaux sont dans l'obligation d'observer, on ne peut qu'adjuger la propriété de toute l'étendue du terrain vague, etc., etc., à ceux qui la réclament en vertu d'un titre, sauf ensuite à reconnaître les droits des anciens vassaux qui viendraient plus tard attaquer les possesseurs et demander une part dans la libéralité du législateur. (Voyez cependant la note 40 de cet appendice relative à la prescription).

Je ne puis, dans une simple note, faite à la hâte, examiner et réfuter en détail tous les arguments de M. Colombel. Je ferai imprimer parmi les pièces justificatives, les deux arrêts dont j'ai parlé. Ces arrêts, cette note et la préface de cet ouvrage sont les seules augmentations que recevra mon écrit, car je veux le publier tel qu'il a été présenté à la Société Académique.

Les tribunaux admettront-ils les concurrents au partage? Cette mesure serait injuste, car les droits de l'un sont supérieurs à ceux de l'autre. Le premier avait, avant la révolution, une quasi-propriété qui l'autorisait à réclamer une portion du terrain en vertu du cantonnement. Le second ne jouissait que par tolérance, et cette jouissance ne pouvait lui conférer aucun droit.

Voilà quelles seraient les conséquences d'un système contraire à la loi. On a cherché à l'appuyer sur des arrêts; mais les décisions de la Cour de Rennes, que l'on trouvera aux pièces justificatives, sont loin de consacrer la doctrine qui a été professée; on verra même qu'elle a été condamnée par quelques arrêts. La Cour, d'ailleurs, n'a jamais eu à examiner d'une manière positive et en pur point de droit la question dont je m'occupe en ce moment. Dans la plupart des espèces jugées, les individus qui réclamaient produisaient des titres ou des aveux à l'appui de leurs conclusions, et la simple possession n'a été regardée comme consacrant un droit, qu'en faveur des communes plaidant contre l'ancien seigneur. Dans ce cas, cette simple possession était suffisante, puisque l'on ne se trouvait pas dans les exceptions établies par l'article 10, et que l'on rentrait dans le droit général qui déclare les communes propriétaires, non-seulement des terres vaines et vagues sur lesquelles elles auraient exercé des actes de simple possession, mais même de celles envers lesquelles elles ne pourraient faire aucune justification de cette nature.

Je n'ai pas besoin, je pense, de faire remarquer que les collections ou les individus indiqués dans la série que j'ai établie, ne sont appelés à la propriété des terres vaines et vagues, qu'à défaut d'individus ou de collections appartenant aux numéros antérieurs à celui sous lequel ils se classeraient, et qu'ils excluent aussi les numéros postérieurs.

Je n'ai pas parlé de l'article 8 de la loi du 28 août 1792, dont l'application ne saurait se présenter en Bretagne, ainsi que je crois l'avoir démontré en m'occupant de l'ancienne jurisprudence. Cet article d'ailleurs n'est relatif qu'aux biens productifs et aux droits d'usage affectés sur ces biens. Cette distinction est consacrée par plusieurs arrêts de la Cour de cassation.

Je n'ai pas parlé également de l'article 11 de la loi de 1792. Cet article n'a pas été exécuté, les communes sont devenues co-propriétaires; le cas prévu a dû d'ailleurs se présenter bien rarement. J'ai aussi gardé le silence sur l'article 12, section 4 de la loi du 10 juin 1793. Ce dernier article a été rapporté par la loi du 8 août suivant.

(36) La proposition que je viens d'émettre, trouvera vraisemblablement des contradicteurs. Je connais plusieurs jurisconsultes qui soutiennent que l'article 10 est la loi unique de la Bretagne, et qu'il peut être invoqué dans tous les cas. J'ai déjà renversé ce système en démontrant que cet article ne s'applique qu'aux possessions de droit, et il suffit, il me semble, de lire la loi de 1792, pour se convaincre que la disposition qu'il renferme n'est qu'une exception. Il y avait eu en Bretagne des arrentements ou afféagements qui, avant la révolution, avaient déjà enlevé des mains des seigneurs la propriété utile des landes, terres vaines et vagues. Des communes ou des habitants, avaient aussi antérieurement acquis le droit de communer et étaient ainsi devenus en quelque sorte co-propriétaires. On voulut respecter ces

droits, et l'on établit une disposition spéciale pour cette province. Mais cette disposition est évidemment exceptionnelle en droit commun ; elle doit, par conséquent, être resserrée dans les cas qu'elle a prévus, et la loi générale doit être invoquée relativement à ceux qui n'y sont pas compris. Il résulterait, de l'opinion contraire et de la démonstration que j'ai faite à la note précédente, que lorsqu'il n'y aurait eu, ni arrentement, ni afféagement, ni concession du droit de communer, les landes de Bretagne continueraient d'appartenir aux anciens seigneurs. Cette prétention serait absolument opposée à la volonté du législateur, qui a entendu attaquer la puissance féodale, et l'on sait que c'était en vertu de cette puissance que les seigneurs bretons étaient regardés comme propriétaires des terres vaines et vagues. Les partisans du système que je combats sont loin d'arriver à la solution que je viens d'indiquer. Ils attribuent, comme je le fais, les terres vaines et vagues aux communes, lorsqu'il n'y a point eu d'arrentement, ou qu'il ne se présente pas de vassaux en possession du droit de communer ; mais ils établissent leur opinion uniquement sur l'article 10 qui, selon eux, s'applique aussi bien aux possessions de fait, qu'aux possessions de droit. Je ne reproduirai point les moyens que j'ai déjà invoqués pour combattre cette doctrine. Celle que j'ai conçue est, il me semble, plus conforme à la loi. Nous arrivons tous, au reste, au même résultat : seulement, je pense que les communes doivent être soumises aux conditions prescrites par l'art. 9, et je ne vois pas par quel motif le législateur se serait porté à dispenser les communes de Bretagne qui n'auraient eu aucune possession de droit en 1792, de l'accomplissement de ces conditions imposées aux autres communes de l'état.

Si quelques arrêts semblent consacrer la doctrine que je combats, il en est aussi qui viennent appuyer celle que j'ai émise. Je puis notamment en invoquer un qui a été rendu par la 1.re chambre civile de la cour royale de Rennes, le 21 juillet 1825. On le trouvera aux pièces justificatives. Un autre arrêt de la 3.e chambre a aussi implicitement décidé cette question de la même manière que je l'ai résolue. Il est à la date de mars 1827 : en voici l'espèce : La commune de Paimpont réclamait, comme communales, des landes sur lesquelles elle avait exercé, avant comme depuis la révolution, une possession de fait. Ses adversaires, anciens seigneurs du territoire composant la commune, prétendaient n'avoir jamais possédé ces mêmes landes comme seigneurs, mais bien comme propriétaires particuliers. Si la cour eût pensé que l'article 10 était la loi unique de la Bretagne, elle eût nécessairement accordé ces landes à la commune ; mais elle appliqua, sans la citer, il est vrai, la disposition de l'art. 9 et décida que les adversaires de la commune seraient regardés comme propriétaires privatifs de ces landes *qui étaient passées en leurs mains*, dit la Cour, *non en vertu des lois de la féodalité, mais en vertu d'un titre légitime d'acquisition* (1). Ce cas doit se pré-

---

(1) M. Gaillard Kerbertin, avocat des parties auxquelles la Cour a attribué la propriété de la lande, disait dans le mémoire publié dans leur intérêt : « C'est la possession efficace, c'est la possession » *de droit* que la loi de 1792 a élevée au rang de la propriété, » et pour qu'on ne s'y méprit pas, elle a eu soin de le proclamer

senter bien rarement en Bretagne, car ce n'était ordinairement qu'en vertu de leur puissance féodale que les seigneurs de cette province possédaient les terres vaines et vagues.

L'art. 9 exige de la part des seigneurs, pour établir leur propriété et pour repousser l'action des communes, un titre ou une possession exclusive continuée paisiblement et sans trouble pendant 40 ans. Plus tard, la loi du 10 juin 1793 a décidé que cette possession ne pourrait, en aucun cas, suppléer le titre légitime, et que ce titre légitime ne pourrait être celui qui serait émané de la puissance féodale, mais seulement un acte authentique constatant qu'ils ont légitimement acquis, conformément à l'art. 8, du décret du 28 août 1792.

(37) V. Répertoire de Jurisprudence. Verb. Communaux. — Guichard, Jurisprudence Communale. — Arrêt de la Cour de Cassation, Sirey 1817, 1. 109.

» elle-même, en disant dans son article 10 : *qui sont en possession* » *du droit de communer*. La loi a donc distingué elle-même entre la » possession de droit et la possession de fait, et c'est cette dis- » tinction qui seule explique l'insertion d'une disposition spéciale » en faveur de la Bretagne. Cette disposition n'avait pas pour objet » de faire cesser la présomption de précaire dont était entachée » la simple possession, car l'article 10 n'eût pas été nécessaire pour » parvenir à ce but, l'article 9 faisant plus que détruire cette pré- » somption dès lors que, même sans possession, il rendait les com- » munes propriétaires des terres vaines et vagues. Toutefois, cet » article 9 n'établissait qu'une présomption de propriété, et l'article » 10 fut réclamé par les législateurs bretons pour transmettre *de* » *plano* la propriété, dans les cas où la possession de droit avait » déjà formé en faveur des communes ou des vassaux de Bretagne un » droit de servitude et même de co-propriété. »

(38) V. Guichard, Jurisprudence Communale, p. 191 et suivantes. Il rapporte divers arrêts de la Cour de Cassation. V. aussi Sirey, 1819, 1. 427 et 430.— 1826. 1. 386 — 1823. 1. 367.

(39) V. les arrêts de la Cour de Rennes aux pièces justificatives.

(40) Si un habitant ou un ci-devant vassal, qui se serait trouvé dans le cas de l'exception prévue par l'article 10 de la loi de 1792, et qui, en vertu du droit de communer obtenu antérieurement, aurait pu réclamer la propriété d'une terre vaine et vague, avait, soit par négligence, soit par ignorance de ses droits, laissé la commune se mettre en possession de ce terrain, pourrait-il le réclamer aujourd'hui comme sa propriété privée? La commune ne pourrait-elle pas le repousser par l'exception résultant de la prescription? Il me semble que la commune serait fondée *en droit* à invoquer ce moyen, en vertu de l'art. 2262 du Code Civil, qui porte que toutes les actions, tant réelles que personnelles, sont prescrites pour 30 ans, sans que celui qui allègue cette prescription soit obligé d'en rapporter un titre, ou qu'on puisse lui opposer l'exception déduite de la mauvaise foi. Cependant, il serait nécessaire (art. 2229) que la possession de la commune eût été continue et non interrompue, paisible, publique, non équivoque et *à titre de propriétaire*, et enfin (art. 2232), qu'elle ne fût pas établie sur des actes de pure faculté et de simple tolérance, ni même sur des actes de violence (art. 2233). Vainement l'habitant qui aurait joui concurremment avec les autres individus qui composent la commune, di-

rait-il qu'il est de principe que la prescription ne court point contre celui qui possède. Ce moyen n'aurait de force qu'autant que cet habitant prouverait qu'il a possédé comme propriétaire particulier, et non comme membre de la commune, et que la jouissance de celle-ci n'est provenue que d'une pure tolérance de sa part.

Cette question, au reste, n'a encore été décidée par aucun arrêt. Le temps de la prescription n'est accompli que depuis 5 ans, et même en Bretagne, on doit en retrancher 3 ans et 9 mois, pendant lesquels elle a, comme on le sait, été suspendue. J'ai examiné quelques arrêts de la Cour de Cassation qui peuvent porter à penser qu'elle accueillerait facilement le moyen résultant de la prescription. V. Sircy, 1819. 1. 427. — 1827. 1. 29 et 95. On peut aussi consulter dans le même recueil, un arrêt d'une Cour Royale. 1826. 2. 160.

(41) Ce décret ne pouvait être invoqué en Bretagne, puisqu'on n'y connaissait pas de communaux.

(42) Aussi, ordonnèrent-ils un partage égal par *têtes* et *feux*, sans avoir égard à l'étendue des propriétés que chacun des co-partageants possédait dans la commune.

(43) Notamment par l'ordonnance du 23 juin 1819.

(44) Ce mot, que je n'ai trouvé dans aucun lexique, a été très-heureusement inventé par la Société Académique de Nantes, il mérite de jouir de tous les droits et de tous les avantages de la bourgeoisie. Il rend parfaitement l'idée que l'on a voulu exprimer : *compas-*

cuus ager relictus, *etc.* V. les deux premières notes de l'Appendice.

(45) V. notamment la Coutume de la Marche ; plusieurs Coutumes d'Auvergne, celles du Poitou, d'Orléans. V. aussi Basnage, sur l'art. 82 de la Coutume de Normandie. Coquille, sur celle du Nivernois. V. sur la Coutume de Bretagne, les autorités que j'ai déjà citées.

(46) C'est la jurisprudence constante du Conseil-d'Etat. On entend par *feux*, les *ménages* tenus par les gents mariés ou non mariés. V. les décrets et avis du Conseil-d'Etat, des 26 nivôse an 2 ; 28 ventôse an 2 ; 19 frimaire an 10 ; 20 juin 1806 ; 4 juillet 1807 ; 20 juillet même année ; 2 février 1808 ; 12 avril 1808 ; 21 décembre 1808 ; 6 juin 1811.

(47) Le domicile, à cet égard, est acquis aujourd'hui par une année de résidence. V. la loi de juin 1793, et celle du 22 frimaire an 8.

(48) Je ne me suis livré à aucun examen pour établir que la compascuité est pernicieuse pour l'Etat, pour les communes et pour l'agriculture. Les abus qui en résultent sont si peu douteux aujourd'hui, que la Société Académique n'en a même pas fait l'objet d'une question.

Des landes immenses couvrent le sol de la Bretagne. Avant la révolution, quelques personnes en élevaient l'étendue aux deux cinquièmes, d'autres aux trois cinquièmes du territoire de la province. Ces landes étaient autrefois couvertes de bois. On pourrait y faire, de nouveau, des plantations qui auraient un heureux résultat, et n'entraîneraient point dans de grandes dépenses (1). Les états de Bretagne ont demandé plusieurs fois, il est vrai (et j'en ai fait l'observation), que l'on permît aux pauvres habitants des campagnes d'envoyer leurs bestiaux sur les terres vaines et vagues. L'on n'avait à cette époque que des notions très-bornées en agriculture et en économie politique. Les états comprenaient mal l'intérêt du peuple auquel il faut procurer du travail, si on veut le rendre riche et heureux, et chez lequel, par conséquent, il faut se garder d'encourager la fainéantise ou l'oisiveté. Remarquons, d'ailleurs, que c'était uniquement sur les terres vaines et vagues dépendant du domaine de la couronne que portaient les réclamations; on ne les défrichait pas, on ne les plantait point: les états pouvaient penser qu'il était, dès-lors, plus avantageux d'autoriser le peuple à en jouir. Le parlement, plus éclairé sur les intérêts de la province et ceux de l'agriculture, encourageait, au contraire, les clôtures, les afféagements, et appliquait rigoureusement les dispositions de la coutume. Dans la remontrance à la suite de laquelle fut rendu l'arrêt du 10 décembre

---

(1) Les hommes habitués à s'occuper de l'économie politique et de la science de l'agriculture en particulier, trouveront les renseignements les plus utiles sur la nature des landes, les moyens de les rendre à la culture, et sur les abus, ou plutôt sur les calamités qui résultent de la jouissance commune dans un excellent mémoire couronné par l'Académie de Nantes, en 1819, ainsi que dans une lettre sur les communaux de la Bretagne, publiée à la suite de ce mémoire. M. de Lorgeril, maire de Rennes et député du département d'Ile-et-Vilaine, est l'auteur du mémoire, et c'est par lui aussi que la lettre que je viens de citer a été écrite. Je regrette infiniment que la nature de ses observations spécialement dirigées sur des questions agricoles, ne l'ait pas porté à approfondir les difficultés relatives à la législation.

1736, le procureur-général disait à ce sujet : « L'esprit » de ces lois est de faciliter le défrichement des landes » et terres vagues qui contiennent plus du tiers du ter- » rain de cette province. Si elles étaient cultivées, elles » produiraient des grains, des denrées et des bois, dont » l'abondance est utile au public. »

En Angleterre, il existait aussi autrefois des communaux d'une très-grande étendue (1), et quoique le peuple tînt beaucoup à ce genre de possession, on est parvenu à les supprimer presque totalement. Ceux qui existent encore aujourd'hui finiront bientôt par disparaître. Depuis 1689, le Parlement a rendu une foule de *bills* autorisant des défrichements, des ventes, des partages. L'agriculture a beaucoup gagné à cette mesure, et les communes en ont retiré l'avantage immense de voir diminuer le nombre des pauvres dont elles étaient char-

(1) Lingard (Histoire d'Angleterre, Vie d'Edouard VI, t. 7, p. 48), s'exprime en ces termes : «In former times particularly on the estates of the monks and clergy, considerable portions of laud had been alloted for the common use of the labourers and of the poor inhabitants. But the present proprietors had by repeated inclosures added manny portions of the wastes and commons to the former extent of the farms ; and thus had cut off or narrowed one great source of support to the more indigent classes. »

Le même historien (Vie de Jacques I.er, t. 9, p. 93), dit encore : «James had scarcely recovered from the panic excited by the gun-powder treason, when he was allarmed by an insurrection in the very heart of the kingdom. It was provoked by the rapacity of the lords of manors, who had inclosed for their own use large parcels of lauds that had hitherto been common, and had thus diminished the usual means of subsistence to their poorer tenants..... There was no grievance which the people feels more Keenly or which they were more disposed to redress by open violence. »

gées (1). Puisse cet exemple d'un peuple voisin être utile à la Bretagne !

(49) Il serait nécessaire d'établir une dérogation à l'art. 530 du Code civil, et de dire cependant que les communes dûment autorisées pourraient renonçer à ce privilége, si, plus tard, le débiteur demandait à racheter la rente.

---

(1) Divers Etats, que j'ai eus sous les yeux, m'ont démontré que les communes qui possèdent des communaux ont moins de population, produisent moins en récoltes et ont aussi moins de bestiaux, que celles qui n'en possèdent pas. Je n'ai pas besoin d'ajouter que les bestiaux appartenant aux premières sont d'une qualité bien inférieure, et que, sur ces communes, le nombre des pauvres est très-considérable. Les habitants, au lieu de s'adonner au travail qui leur assurerait des ressources de tous les temps, vivent dans l'oisiveté et à l'aide du produit faible et précaire des bestiaux qu'ils tentent d'élever. Lorsqu'ils perdent ces bestiaux, qui leur sont souvent enlevés par les épizooties, ou, lorsqu'à l'entrée de l'hiver, ils sont obligés de s'en défaire, le plus ordinairement avec perte, ils restent dans la misère et se livrent à la mendicité; « Qu'est-ce, en effet, dit M. de Lorgeril, dans » la lettre dont j'ai parlé, que cette vache du pauvre, qui n'a » d'autre moyen de nourriture que le pâturage communal ? Un » animal misérable, qui donne du lait pendant deux mois ; qui, » condamné à mourir de faim le reste de l'année, succombe » au premier hiver rigoureux, ou à la première sécheresse. C'est » le plus souvent l'instrument et la ruine de son maître qui, » dans la mauvaise saison, s'épuise pour acheter du foin livre » à livre, ou, ce qui est pire, mène sa bête sur l'héritage » d'autrui, et sert lui même de pâture à l'avidité des gardes- » champêtres. Cette vache, enfin, toujours maigre, toujours mal » nourrie, conserve le germe empesté des épizooties qui ravagent » trop souvent nos provinces : elle contribue à les propager, en » est toujours la première victime, et sa mort consomme la ruine » du malheureux qui s'est épuisé pour l'entretenir. »

(50) Le gouvernement devrait encourager les plantations par tous les moyens qui sont à sa disposition, et notamment par une grande diminution dans les impositions.

Je viens de parler des défrichements. Il est des terrains sur lesquels ils devraient être défendus comme dangereux (par exemple sur les montagnes), ou, dans tous les cas, n'être accordés qu'après qu'il aurait été démontré qu'ils sont sans inconvénient.

Il serait à désirer que la plupart des montagnes fussent couvertes de bois.

(51) Il devrait être demandé en temps utile. Un an, par exemple, avant l'expiration du premier.

(52) Il est un point de législation auquel on devrait apporter quelques modifications.

Lorsque la propriété des terrains n'est pas contestée, que le mode de jouissance fait seul l'objet des réclamations, les habitants peuvent plaider *ut singuli*. Celui qui se croit lésé a le droit d'intenter une action, et il n'est pas nécessaire qu'il soit représenté par le Maire agissant pour toute la communauté. Il en est autrement, lorsque la contestation est relative à un droit de propriété communale. Cette propriété n'appartenant qu'au corps de la commune considéré *ut universitas*; le maire seul, dûment autorisé, peut devenir un contradicteur légitime, agir et défendre devant les tribunaux. Il a seul le caractère nécessaire pour représenter la généralité des habitants (1).

---

(1) V. la loi du 14 décembre 1789 et celle du 29 vendémiaire, an 5. V. aussi plusieurs arrêts de la Cour de Cassation. On peut consulter également l'ancienne jurisprudence et la loi, 1. §. 1. ff. Quod cujuscumque universitatis, etc.

Cette législation est sage dans beaucoup de cas, mais elle entraîne quelquefois dans des injustices. Une petite étendue d'un terrain prétendu communal peut, par sa situation, n'offrir de jouissance profitable qu'à un ou deux individus. Le Conseil Municipal, dans cette hypothèse, se refusera vraisemblablement, si la propriété est contestée, à demander qu'une action soit intentée, et, par conséquent, le Maire ne pourra figurer au procès.

Pourquoi ne permettrait-on pas aux habitants de plaider *ut singuli*? S'ils obtenaient gain de cause et que la commune voulût profiter de la décision, elle rembourserait ces habitants de leurs avances. Mais, s'ils succombaient, me dira-t-on, la commune pourrait-elle plus tard faire valoir ses droits et poursuivre elle-même des détenteurs illégitimes? D'après le droit commun, cette question devrait être résolue affirmativement, car la cause n'aurait pas été contradictoire avec la commune considérée *ut universitas*, celle-ci n'aurait pas été partie au procès. Cependant, il me semble qu'il serait nécessaire, dans ce cas, de déroger, par une disposition spéciale, aux règles générales du droit, et de déclarer, afin de mettre un terme aux actions judiciaires, que la décision pourrait être invoquée contre la commune, en accordant toutefois à celle-ci la faculté d'intervenir dans la discussion pour soutenir ses droits, et même en obligeant les parties litigantes de provoquer cette intervention.

FIN DE L'APPENDICE.

PIÈCES JUSTIFICATIVES.

DÉCLARATION de François I.er, à la date du 18 décembre 1538 (1).

.... Ouï, la remontrance faite de la part des gents des trois états de Bretagne....... touchant aucuns points contenus en certaines nos lettres patentes et ordonnances données à Moulins, le 13 février dernier passé, par nous envoyées en notre pays de Bretagne, pour y être publiées et observées, mêmement en ce qui concerne les foi et hommage..... et de certaines terres gastes et inhabitées, landes, bruyères, pâtis qu'ils disent la plupart être en communauté à nos sujets des lieux et paroisses où lesdits pâtis et bruyères sont assis. Nous désirant gratifier auxdits gents desdits états, avons dit, déclaré et ordonné, déclarons et ordonnons que nous n'avons entendu et n'entendons, en faisant lesdites ordonnances pour raison desdits fiefs, aucunement déroger à l'usage et coutume observée entr'eux par raison des fiefs tenus et mouvants de leurs baronnies et fiefs, mais avons seulement entendu

Déclaration du 18 décembre 1538

(1) Dans cette pièce et dans les suivantes, je me suis dispensé d'observer l'orthographe du temps de leur émission.

pourvoir ès-fiefs, terres, baronnies et seigneuries tenus et mouvants de nous sans moyen, consentant et accordant qu'ils demeurent et soient conservés ès-usages et coutumes dont ils ont accoutumé user, pour raison desdits fiefs tenus et mouvants d'eux et de leursdites baronnies et fiefs, sans que aucune chose soit sur ce innovée sous couleur de notredite ordonnance....... et, au surplus, quant auxdites terres gastes et inhabitées, bruyères et pâtis dont aussi est fait mention par notredite ordonnance, nous avons pareillement dit et déclaré, disons et déclarons que nous n'avons entendu et n'entendons l'article d'icelle et ordonnance faisant mention d'icelles terres gastes et communes, landes et pâtis aucunement préjudicier à nosdits sujets, quant aux pâtis, bruyères et terres gastes et frostes dont ils sont en bonne possession et jouissance par eux et leurs prédécesseurs de temps immémorial, et dont n'est mémoire du contraire; mais avons seulement entendu et entendons de ce qui est d'ancienneté de notre domaine, et qui a été entrepris sur nous et nos prédécesseurs, ducs et duchesses dudit pays......... Si donnons en mandement, etc.

Edit de février 1556. *Lettres patentes du Roi, pour faire bail à cens et et rente des terres, prés, marais et palus vagues, à lui appartenants.*

CHARLES, par la grâce de Dieu, Roi de France, à tous présents et à venir, salut. Etant dûment averti de la grande quantité des terres, prés, marais et palus vagues à nous appartenant, étant en plusieurs endroits, pays et provinces et cetuy notre royaume, dont ne se tire par nous ou nos sujets aucun fruit, profit ou utilité; et, considérant combien serait utile et profitable, tant à nous qu'à nosdits sujets, que lesdites terres, prés, marais et palus vagues fussent cultivés et mis en labeur et valeur, attendu qu'il y pourrait être produit et s'y cueilleraient plusieurs grains et autres choses dont nosdits sujets se trouveraient grandement accommodés, et ce, outre la décoration de nosdits pays et provinces, que par le moyen de la culture et labeur d'icelles terres à présent vides, vaines et vagues, comme dit est, y adviendrait.

Avons, par avis et délibération des gents de notre conseil privé, par édit perpétuel et irrévocable, dit, déclaré, voulu et ordonné, disons, déclarons, voulons et ordonnons que toutes et chacunes lesdites terres, prés, palus et marais vagues à nous appartenant, en quelque lieu qu'ils soient, seront par nous baillées et délivrées à perpétuité à ceux de nos sujets qui en voudront prendre de nous à cens, rente et deniers d'entrée modérés; excepté toutefois celles desdites terres, prés, marais et palus qui sont enclos en nos bois et forêts, et en font aussi la lisière à cent perches près d'iceux nosdits bois et forêts, et que, au cas qu'aucuns particuliers ou communes prétendent aucun droit, soit de pâturage ou autres, ès-dites terres, prés, marais et palus vagues, ainsi à nous appartenant que dit est, leur sera, avant bail et délivrance d'icelui, pourvu ou fait telle distribution d'icelles terres, prés, marais et palus qu'il appartiendra, et qu'à cette fin et pour l'exécution du présent, notre édit et ce qui en dépendra seront commis en chacune de nosdites provinces, certains notables personnages auxquels sera donné pouvoir de ce faire, sans que ce qui sera par eux fait puisse ores, ne pour l'avenir, par nous et nos successeurs, et, pour quelque cause et occasion que ce soit, être révoqué et rétracté en quelque sorte et manière que ce soit. Ains jouiront à perpétuité et aux charges que dessus, tant les acquéreurs et adjudicataires et leurs successeurs, que lesdits particuliers ou communes, des choses qui leur auront été ainsi baillées, adjugées, délaissées ou distribuées. Si donnons en mandement, etc..... Donné à Moulins, au mois de février de l'an de grâce 1566, et de notre règne le 6.e

Enregistrem^t. au Parlemen. de Bretagne.

Lues, publiées et enregistrées, ouï le procureur-général du Roi, pour icelles être exécutées *suivant les autres lettres de déclaration et modification dudit seigneur du 10.e jour de janvier*, à la charge que les commissaires qui procéderont à l'exécution dudit édit, seront tenus de mettre leurs procès-verbaux aux prochains siéges royaux des lieux où ils vaqueront, et en envoyer copies en forme probante au greffe de la cour. Fait en parlement, le 25 février 1567.

Signé DUPLESSIS.

Edit du 10 janvier 1567.

DÉCLARATION et modification des précédentes lettres, sur les remontrances faites par la Cour de Parlement de Bretagne.

CHARLES, etc., à nos amés et féaux les gents tenant notre cour de parlement de Bretagne, salut. Ayant entendu les remontrances à nous faites de votre part par notre amé et féal conseiller et président ès-enquêtes de notre cour de parlement de Bretagne,

M.e Eustache de la Porte, sur notre édit donné à Moulins, au mois de février 1566, pour l'aliénation des terres, prés, marais et palus vagues, en notredit pays et duché de Bretagne, à nous appartenant, nous, pour les causes portées par notredit édit concernant le profit de nos sujets et de nous, afin de n'en rien révoquer en doute de l'interprétation d'icelui, ni des modifications apposées à la vérification qui en a été faite en notre cour de parlement à Paris. Voulant maintenir nos sujets dudit pays de Bretagne en leurs droits, possessions, franchises et libertés, par tous moyens possibles et raisonnables, avons déclaré et ordonné, déclarons et ordonnons par ces présentes, qu'avons eu et avons pour agréables vosdites remontrances, et suivant icelles, voulons, entendons et nous plait que notre édit soit lu, publié et enregistré en notredite cour de parlement de Bretagne, sous les modifications déclarées par arrêt de notredite cour de parlement de Paris, le 12.e jour de juillet dernier passé..... Et, en outre, lesdites modifications, n'entendons que lesdits commissaires puissent vendre ne aliéner lesdites terres d'icelui notre duché de Bretagne, fors celles qui nous appartiennent et de la nature déclarée par notre dit édit et modifications. Et sans y comprendre autres terres que celles qui sont de notre domaine, non étant enlacées aux terres des seigneurs particuliers, ecclésiastiques, temporels ou autres, ni pareillement les terres qui seront tenues et possédées par aucuns particuliers ou communautés, avec titres valables ou possession immémoriale, sinon au cas qu'il y aurait droit d'exploits et usages, et que les particuliers ou communautés en eussent plus grande quantité qu'ils ne pourraient exploiter pour leur usage et commodité de leur bétail. Auquel cas, les commissaires seront tenus de leur bailler ce qui sera besoin, tant pour leur usage que pour le passage de leur bétail, selon le réglement qu'on a accoutumé de faire aux eaux et forêts, et le surplus à rente à notre profit. Laissant à notre peuple et sujets tout ce qui leur sera nécessaire. En quoi faisant, avons inhibé et défendu, inhibons et défendons à tous autres seigneurs de quelque qualité qu'ils soient, église, chapitre ou communauté dudit pays de Bretagne de n'entreprendre pareilles ventes, aliénations au préjudice desdites communes de nosdits sujets, leurs libertés, possessions et franchises. Si voulons, etc. Donné à Paris, le 10 janvier de l'an de grâce 1567, et de notre règne le 7.e

Déclaration du 13 avril 1567.

Autre déclaration.

CHARLES, etc., à nos amés et féaux les gents tenant notre cour de parlement de Bretagne, salut et dilection. Ayant entendu qu'aucuns gentilshommes ou autres nos sujets ont commencé par force et violence, ou autrement usurper et occuper les terres vagues, pâtis et communautés de cetuy, notre royaume, étant en et au-dedans leurs fiefs : ne voulons cette entreprise être tolérée, mais retenue et réprimée, avons voulu et ordonné, voulons et ordonnons, vous mandons et enjoignons par ces présentes, qu'au plutôt que faire se pourra, vous ayez à faire faire très-expresses inhibitions et défenses de par nous à toutes personnes de quelque qualité qu'ils soient de prendre et s'attribuer les terres vagues, pâtis ou communaux de leurs sujets, et lesquelles terres vagues, pâtis ou communaux, ont ci-devant été possédés par les communautés des villages, bourgs et bourgades, vous commandant et enjoignant aussi très-expressément, de par nous, de rétablir, de rendre et restituer de ce qu'ils y auraient entrepris, et remettre et rétablir les choses en l'état qu'elles étaient auparavant l'édit, sur ce par nous fait en notre ville de Moulins, le tout à peine de crime et désobéissance.

Voulons, etc., donné à Saint-Mars-des-Fossés, le 27.e jour d'avril l'an de grâce 1567 et de notre règne le 7.e

Enregistrées le 11 août 1567.

Arrêt de la Cour de Rennes, à la date du 20 germinal an 13, entre la commune de Plesguer et le sieur de Goyon de Beaufort. Arrêt de la Cour de Rennes du 20 germinal an 13.

Considérant. . . . .

Que c'est un principe incontestable dans cette matière que tous les effets produits par la puissance féodale, par la maxime *nulle terre sans seigneur*, par la règle de l'*enclave*, par les statuts et par les coutumes générales et particulières, ont été abolis par la législation nouvelle ;

(La Cour argumente ensuite pour établir cette vérité : 1.° de l'art. 1.er de la loi du 25 août 1792; 2.° de la loi du 13 avril 1791 ; 3.° de celle du 28 août 1792, art. 3 et 8; 4.° de celle du 10 juin 1793, sect. 4, art. 8 et 9.)

Considérant que c'est d'après ces principes qu'il s'agit d'examiner les titres produits par les héritiers Gouyon, et leurs prétentions à la propriété privative du marais de la Grande-Rosière.

Ces titres sont. . . . .

Considérant que c'est cette distinction même (entre

les communs dont la propriété est inféodée ou établie sur des titres de concession et ceux sur lesquels les vassaux n'ont d'inféodation que du droit de communer) que les lois nouvelles ont clairement marquée, et notamment la loi du 28 août 1792, qu'à la première espèce de communs, proprement dits *biens et usages communaux*, se rapportent les huit premiers articles de cette loi ; mais que l'art. 10, spécialement fait pour les cinq départements de la ci-devant Bretagne, a pour objet unique la seconde espèce de communs ou terrains vagues de seigneuries, dont la loi déclare dès ce moment attribuer la propriété exclusive, soit aux communes, soit aux habitants des villages, soit aux ci-devant vassaux, par la seule considération de la possession *du droit de communer*, et sous la seule condition que ces terrains ne soient ni arrentés, ni afféagés ou accensés.

. . . .

Considérant que l'art. 10 de la loi du 28 août 1792 étant celui dont l'application devait se faire spécialement à la cause, il s'ensuit que les appelants avaient reçu immédiatement de la loi la propriété exclusive du marais de la Grande-Rosière; que cette propriété s'était, à l'instant même où la loi l'a voulu, consolidée à la possession du droit de communer; qu'ils n'avaient donc besoin, ni intérêt de former aucune action pour réclamer cette propriété devant les tribunaux, tandis qu'elle ne leur était pas contestée et que leur possession n'éprouvait aucun trouble; que ce n'est pas à une position pareille à celle des appelants qu'on devait rapporter les dispositions des art. 1, 6, 8 et 9 de la loi du 28 août 1792, qui sont : 1.° antérieures dans l'ordre de la loi à l'art. 10, spécialement fait pour l'espèce de cette cause;

2.° relatives aux seuls biens, proprement dit *biens communaux*, et au cas où les communautés d'habitants et vassaux en auraient perdu la propriété ou la possession.

. . . .

La Cour déclare que la propriété du marais, dit de la Grande-Rosière, appartient à la commune et aux habitants de Plesguer; le tout conformément à l'art. 10 de la loi du 28 août 1792, et à l'art. 1.er, sect. 4, de celle du 10 juin 1793.

Nota. Un pourvoi fut formé contre cette décision. La Cour de cassation rendit un arrêt de rejet, le 12 juillet 1808, sur le rapport de M. Gandon.

ARRÊT de la 2.e chambre de la Cour de Rennes, 15 février 1811, 15 février 1811

Entre la commune de Moisdon appelants, et Ernoul, etc., intimés.

. . . .

Considérant que l'aveu de 1555 a été reçu dans la forme d'usage à cette époque, par le procureur du ci-devant seigneur de Châteaubriant; que cet aveu justifie au profit des avouants la propriété des mâsures de la Rougeonnière et de la Gaignerie, ainsi que de toutes les terres tant closes que vagues, landes, bruyères et bois, qui se trouvent enclavées dans les débornements dont cet aveu contient une description détaillée; que la commune de Moisdon ne maintient pas que les portions de terrain, dont elle a fait la concession, ne sont pas situées dans l'enclave mentionnée dans cet aveu; qu'elle ne conteste pas que les intimés possèdent, à titre de propriété, les autres terrains qui en font partie; qu'ainsi elle n'est pas fondée à les regarder comme étrangers aux droits de ceux qui ont rendu l'aveu de 1555.

Considérant que la commune de Moisdon n'apporte point la preuve que cet aveu ait été impuni, preuve qui ne peut se faire que par titre, la preuve testimoniale n'étant pas admissible en cette matière.

Considérant que la commune de Moisdon ne prétend pas avoir anéanti, par une possession ancienne et au moins de 40 ans, le titre dont les intimés appuient leur réclamation, et qu'enfin l'art. 10 de la loi de 1792, loin de pouvoir être invoqué, par la commune de Moisdon, appelle au premier rang à la propriété des communs et enclaves de la seigneurie, les ci-devant vassaux qui auraient été propriétaires des terres limitrophes de l'enclave avec le droit d'y communer.

Par ces motifs, etc.

Arrêt du 11 janvier 1815.

Arrêt rendu le 11 janvier 1815, par la 3.e chambre civile de la Cour Royale de Rennes, entre la commune d'Eréac et l'ancien seigneur.

Considérant que conformément aux dispositions de l'art. 10 de la loi du 28 août 1792, les terres vaines et vagues doivent appartenir exclusivement, soit aux communes, etc. (Suit le texte de l'art. 10.)

Que le tertre de Launay, dont la commune d'Eréac réclame la propriété, doit être regardé comme un terrain vain et vague, puisqu'il est désigné comme tel dans les titres même produits par l'appelant, où la dénomination de commun lui est assignée; qu'il est d'ailleurs déclos et traversé par différents chemins;

Qu'il est appris par les enquêtes respectives des parties, faites en conformité de l'arrêt de la Cour du 21 mars 1812, que les habitants de la commune d'Eréac étaient à l'époque de la loi du 28 août 1792, en possession du droit de communer, motoyer, couper landes et bruyères, conduire les bestiaux paître, disposer des branches d'arbres et des fruits de ces arbres dans ledit tertre de Launay;

Que non-seulement ce tertre fait partie de la commune d'Eréac dans laquelle l'appelant était seigneur et avait principe de fief, mais encore que ce même terrain est situé au village de Launay, ou voisin dudit village, lequel était sous le fief de l'appelant, ainsi qu'il est constaté, notamment par un aveu en forme régulière produit par les intimés.

....

....

Considérant, au surplus, qu'il incombait à l'appelant d'administrer la preuve que ledit tertre de Launay, loin d'être son fief, relevait, au contraire, immédiatement d'un fief étranger et autre que ceux qui lui avaient appartenu dans la commune d'Eréac, et qu'il n'a pas fourni cette preuve;

Par ces motifs........ La Cour maintient les habitants de la commune d'Eréac dans la possession et jouissance du tertre de Launay, etc.

Arrêt interlocutoire rendu par la 2.e chambre civile de la Cour Royale de Rennes, le 31 janvier 1821, entre Louis Coué, etc., *et la commune du Pin.* 31 janvier 1821

Considérant que la loi du 10 janvier 1793, n'a point

aboli la loi du 28 août 1792, dans toutes ses dispositions; que l'art. 10 de cette dernière loi, spécial pour les cinq départements qui composent la ci-devant Bretagne, donne la propriété exclusive des terres vaines et vagues, soit aux communes, soit aux habitants des villages, soit aux ci-devant vassaux qui sont actuellement, etc..... Qu'ainsi par la seule force de la loi les communes ou les habitants des villages, ou les ci-devant vassaux ont été déclarés en Bretagne propriétaires incommutables de toutes les terres vaines et vagues qui n'avaient été ni arcentées, ni afféagées, à l'époque de cette loi.

Considérant que les aveux servis aux procès, prouvent bien que les tenanciers sous le fief solidaire de Maxouan, étaient inféodés vers le ci-devant seigneur de ce fief du droit de pacager leurs bestiaux, couper landes, litières ou brousses sur la lande de la Mariolle, mais que les appelants ne justifient pas qu'ils sont aux droits des ci-devant vassaux du fief de Maxouan, et que ces ci-devant vassaux étaient seuls en possession à l'époque de la promulgation de la loi de 1792, d'exercer sur la lande de la Mariolle les droits d'y faire pacager leurs bestiaux et d'y faire couper landes et bruyères.

Considérant que sous l'appel les appelants maintiennent qu'ils ont, en vertu de leurs titres, fait et exercé exclusivement, et notoirement, avant comme depuis la révolution, tous actes possessoires sur la lande de la Mariolle; que, de son côté, le maire de la commune du Pin, maintient, ainsi qu'il l'a fait en première instance, que tous les habitants de cette commune partageaient avec les appelants le droit d'usage sur la même lande; que l'approfondissement des maintiens respectifs des parties pourra faire connaître et déterminer leurs droits.

Par ces motifs, la Cour........ ordonne aux appelants de justifier qu'ils sont aux droits des ci-devant vassaux du fief de Maxonan, ordonne pareillement à l'intimé de prouver que la généralité des habitants de la commune du Pin était, à l'époque de la loi du 28 août 1792, en possession du droit de communer dans la lande de la Mariolle, sauf aux appelants à prouver qu'ils étaient à la même époque en possession exclusive d'user du même droit, etc.

Arrêt définitif entre les mêmes parties. 17 mai 1822.

....

Considérant qu'en prenant droit par l'enquête de la commune du Pin, elle n'offre point la preuve dont l'obligation lui avait été imposée par l'arrêt du 31 janvier 1821, c'est-à-dire la preuve que la généralité des habitants de la commune du Pin était, à l'époque de la loi de 1792, en possession du droit de communer dans la lande de la Mariolle; que les actes possessoires isolés de quelques habitants ne peuvent être utiles et translatifs de la propriété des terres décloses, telle possession étant précaire de sa nature (art. 393 de la Coutume de Bretagne), lorsque surtout elle n'est étayée d'aucun titre, lorsqu'au contraire, elle est contredite par les titres formels des ci-devant vassaux du fief solidaire de Maxonan, titres attributifs d'une possession exclusive.

....

Considérant que l'art. 10 de la loi du 28 août 1792 n'a point été abrogé par la loi du 10 juin 1793; il n'y a point d'abrogation de fait ou expresse, et quant à l'abrogation tacite, elle ne peut s'inférer des termes de l'art. 1.er s t. 4 de la loi de 1793; qu'on peut d'autant moins prêter à la Convention Nationale l'intention d'abroger la disposition de la loi de 1792 relative à la Bretagne; qu'à la séance du 8 septembre 1793, environ trois mois après le 10 juin, un membre ayant observé que plusieurs dispositions de cette loi avaient été omises dans le procès-verbal de l'assemblée législative, la Convention décréta qu'il serait remis au bureau une expédition de cette loi; qu'elle serait insérée en entier au procès-verbal de ce jour 8 septembre, et qu'en effet on trouve, sous cette date, dans la collection officielle de Baudouin, la loi intégrale de 1792 et spécialement l'art. 10 relatif à la Bretagne dans les termes de la première rédaction.

Considérant que l'art. 10 de la loi de 1792 pour la Bretagne subsistant dans toute sa force, la conséquence directe qui en résulte est que les terres, qui, à l'époque de cette loi, étaient vaines et vagues, *appartiennent exclusivement* (ce sont les termes de la loi) aux ci-devant vassaux qui étaient alors (actuellement, dit l'article) en possession du droit de communer, etc.....; que la loi ne distinguant pas la possession à titre onéreux de celle à titre gratuit, cette distinction ne saurait être admise par les Cours et tribunaux; qu'au surplus, le fief Maxouan est reconnu solidaire, ce qui présuppose nécessairement une seule inféodation dans laquelle se trouve comprise la lande de la Mariolle, c'est-à-dire, le droit de communer dans cette lande, droit concédé au même titre que la propriété du fief, savoir à charge de la rente solidaire, titre réellement onéreux; que ce droit est suffisamment justifié par les actes produits, sans qu'il soit besoin de recourir à des généalogies, qu'il serait peut-être impossible d'établir, à cause des désastres de la guerre civile qui a désolé ces contrées; qu'on ne peut raisonnablement révoquer en doute l'identité des propriétaires actuels du fief solidaire de Maxouan, avec ceux qui figurèrent au procès de 1783, instance qui fut abandonnée par les contradicteurs des vassaux, aujourd'hui représentés par les appelants : de tout quoi il résulte que ceux-ci doivent être maintenus dans la propriété que leur garantit la loi.

....

La Cour, réformant le jugement en Tribunal d'Ancenis, du 27 juillet 1819, maintient les appelants (Louis Coué, etc.), dans la propriété, possession et jouissance de la Lande de la Mariolle, etc.

2.e *Chambre civile de la Cour Royale de Rennes. Arrêt interlocutoire entre divers proprietaires dans la commune de Saint-Père-en-Retz, appelants, et cette commune intimée.* 2 août 1822.

Considérant que, sous aucun rapport, les appelants ne peuvent être qualifiés de sectionnaires ou d'habitants en nom collectif d'une section de commune, et qu'on ne peut, dès-lors, leur apposer un défaut de qualité résultant de l'inexécution de l'arrêté du gouvernement, du 24 germinal an XI; que ce n'est pas comme habitants qu'ils ont procédé, mais comme propriétaires individuels de terres en raison desquelles ils se prétendent en possession, à l'époque de la loi du 28 août 1792, du droit de communer sur les terres vaines et vagues enclavées dans leurs propriétés. C'est comme individus qu'il se sont opposés à la vente provoquée par le Maire de la commune de Saint-Père-en-Retz. On voit leurs oppositions insérées au procès-verbal de *commodo et incommodo* de décembre 1817 et janvier 1818, rapporté par le juge-de-paix de Saint-Père-en-Retz et produit par la commune. Ces oppositions sont toutes individuelles; aucun des opposants n'y a pris la qualité de sectionnaire ou d'habitants d'une section de commune. Tous se sont qualifiés propriétaires et chacun d'eux a désigné sa propriété privative. C'est aussi comme propriétaires qu'ils ont procédé devant le Tribunal de Paimbœuf: appelés par la commune pour donner main-levée de leurs oppositions, ils ont pris individuellement, le 12 avril, des conclusions motivées, non comme *habitants*, mais toujours comme *propriétaires* de diverses tenues, ayant à ce titre la possession des communs, c'est-à-dire, des terres vaines et vagues situées dans l'enclave des ci-devant fiefs dont elles faisaient partie intégrante.

Considérant que c'est bien aussi à titre individuel que l'article 10 de la loi du 28 août 1792 qui est spécial pour la Bretagne et qui n'a point été abrogé par la loi du 10 juin 1793, attribue les terres vaines et vagues *aux ci-devant vassaux qui sont actuellement*, c'est-à-dire à l'époque de la loi, en possession du droit de communer, etc...... Qu'on ne peut même entendre autrement cette disposition de la loi, ne connaissant d'autres êtres collectifs que les municipalités, sections de communes et les établissements publics dûment autorisés; qu'on ne peut qualifier de droit collectif, comme l'a fait le tribunal de Paimbœuf, le droit commun à tous les teneurs d'un même fief, encore moins regarder ces teneurs comme un être collectif; on ne peut en inférer qu'une propriété indivise qu'il est libre à chacun ou de réclamer, ou d'abandonner, sans que l'abandon des uns puisse nuire aux autres; qu'on ne peut concevoir sur quel fondement le tribunal de Paimbœuf a tiré de l'expression *consorts*, dont se sont servis les appelants, l'exclusion d'une possession individuelle, car il arrive tous les jours en *consortie* que quelques consorts n'usent pas de leurs droits, sans qu'on puisse, de ce non usage, rien conclure contre les consorts qui veulent l'exercer.

Considérant qu'il n'y a pas lieu, d'après la précédente solution, d'examiner si le tribunal de Paimbœuf devait avant faire droit, ordonner l'accomplissement des formalités prescrites par l'arrêté du Gouvernement du 24 germinal an XI.

Considérant que les appelants ne peuvent opposer à la commune de Saint-Père-en-Retz la prescription ou plutôt l'expiration du délai de cinq ans dans lequel elle était tenue par les articles 1 et 9 de la loi du 28 août 1792, de se pourvoir devant les tribunaux; qu'il résulte de la combinaison de ces deux articles qu'ils n'ont été insérés que dans le rapport des intérêts respectifs des communes et des ci-devant seigneurs; qu'en aucun cas, on ne peut les appliquer aux terres vaines et vagues de la ci-devant Bretagne, qui ont, dans l'article 10, une disposition législative spéciale, disposition qui se trouve placée immédiatement après l'article 9, et qui ne subordonne à aucun délai l'exercice des droits respectifs attribués, soit aux communes, soit enfin aux ci-devant vassaux, mais seulement à la possession *actuelle*, soit des uns, soit des autres.

Considérant que la possession des appelants a été contestée par la commune de Saint-Père-en-Retz, qui a même allégué en sa faveur divers actes possessoires qui, à la vérité, sont bien postérieurs à l'époque de la loi de 1792, mais qui ne laissent pas moins d'incertitude sur la possession individuelle des appelants; qu'en l'état il n'est pas suffisamment justifié que les appelants représentent les vassaux dénommés dans les aveux de 1594, 1717, 1732 et 1740; que pour bien remplir le vœu de la loi du 28 août 1792, il faudrait, le fait n'ayant pas été reconnu, qu'ils prouvassent qu'à l'époque de cette loi, eux et leurs auteurs étaient de fait en possession du droit de communer dans les communs, terres vaines et vagues dénommés dans leurs oppositions au procès-verbal rapporté par le juge-de-paix du canton de Saint-Père-en-Retz ci-dessus relaté; qu'ayant subsidiairement offert cette preuve dans leurs conclusions, il est de préalable nécessaire de l'ordonner, sauf la preuve contraire de la part de la commune.

La Cour....... ordonne, avant faire droit aux appelants, de prouver, tant par titres que par témoins, qu'ils sont aux droits des individus dénommés dans les aveux par eux produits, et qu'à l'époque de la loi du 28 août 1792, ils étaient eux ou leurs auteurs en possession actuelle et de fait du droit de communer dans les terres vaines et vagues, etc......., et généralement dans toutes les terres vaines et vagues enclavées dans les ci-devant fiefs de la Gruais et autres, situés dite commune, sauf au maire de la commune de Saint-Père-en-Retz à faire toutes preuves contraires, etc......

17 juillet 1823.

Arrêt définitif entre les mêmes parties. 17 juillet 1823.

Considérant, etc. (Ce considérant rappelle l'arrêt du 2 août 1822.)

Considérant que les nommés Souchet, Dousset et Joyaux ont, conformément à la première disposition de cet arrêt, justifié qu'ils représentent les individus dénommés aux aveux dont est cas;

Considérant qu'il n'est pas contesté, mais que d'ailleurs il est appris par les enquêtes que les cinq terrains en question dépendaient en tout ou en partie de la ci-devant juridiction de la Gruais qui était divisée en différents fiefs ;

Considérant qu'il est inutile d'examiner si tous les appelants ont fait la preuve ordonnée par ledit arrêt ; qu'il suffit qu'elle soit complète en faveur de quelques-uns d'entre eux à l'égard de tous lesdits terrains, pour que la demande de la commune de Saint-Père-en-Retz soit rejetée ;

Considérant qu'entr'autres des appelants, les nommés Fouchet, Dousset, Leray, Joyaux et Morisseau ont suffisamment prouvé, soit par titres ou par témoins, qu'ils avaient le droit de communer sur les terres en litige, à cause de leurs propriétés situées sous l'ancienne seigneurie de la Gruais ; qu'il résulte surtout des enquêtes, qu'antérieurement et à l'époque de la publication de la loi du 28 août 1792, ils étaient en la possession de faire pacager, de couper des ajoncs et bruyères, savoir : sur (suit la désignation des terres vaines et vagues)..... Ce qui suffit pour écarter les prétentions de la commune, qui, d'ailleurs, n'a fait aucune preuve de possession ;

La Cour. . . . . . déboute la commune de toutes ses demandes, fins et conclusions.

Nota. C'est à l'occasion de cette affaire, que MM. Colombel et Baron ont publié la consultation dont j'ai parlé à l'appendice, note 34.

La commune de Saint-Père-en-Retz s'est pourvue devant la Cour de cassation contre la décision de la Cour de Rennes ; ce pourvoi a été rejeté par arrêt du 25 avril 1827, rapporté par Sirey, 1827. I. 394.

2 août 1826.

2 août 1826. — 3.e Chambre Civile de la Cour de Rennes.

Le Maire de la Chapelle-Basse-Mer, appelant, Julien Marchais et autres, intimés.

Considérant que si les lois destructives de la féodalité ont en général substitué les communes aux seigneurs dans la propriété exclusive de toutes les terres vaines et vagues, l'attribution presqu'illimitée qu'elles ont établie à leur profit, est soumise, dans les cinq départements composant la Bretagne, à une restriction que consacre l'art. 10 de la loi du 28 août 1792, lequel met sur la même ligne les communes, les habitants des villages et les anciens vassaux, en fondant la préférence sur la possession du droit de communer au moment de la promulgation de cette loi, dans les terres vaines et vagues, situées dans l'enclave ou le voisinage des fiefs;

Qu'aucune loi postérieure n'a dérogé expressément à cette disposition exceptionnelle, qui pourtant, attendu son application spéciale à une portion déterminée du territoire de la France, exigeait singulièrement une abrogation spéciale et formelle; qu'on ne peut donc inférer son abolition des termes de l'article 1.er de la section 4 de la loi du 10 juin 1793, quelque généraux et précis qu'ils puissent être; que cet article, dont le principe est extrait de l'article 9 de la loi du 28 août 1792, ne règle, comme celui-ci, que le droit commun de la France, et laisse par son silence et celui des dispositions ultérieures de la section 4, subsister l'article 10 de cette dernière loi, lequel avait fixé le droit particulier de la Bretagne; que ce silence dans le système d'une interprétation différente serait d'autant plus inexplicable, que l'article 8 de ladite section se réfère, en le modifiant, à l'article 9 précité de la loi du 28 août 1792 ; qu'il ne s'était écoulé que quelques mois depuis que l'article suivant avait consacré les droits des ci-devant vassaux bretons, et que ces droits ne devaient pas être jugés après un si court intervalle, moins compatibles avec la destruction de la puissance féodale et la répression de ses usurpations.

Considérant qu'il était de maxime certaine en Bretagne que le droit de communer dans les terrains vagues et déclos ne pouvait résulter que d'un titre de concession des seigneurs, ou d'aveux et d'autres titres équivalents à cette concession primitive, et qu'une simple possession de pacage était incapable d'y suppléer ;

Que la commune de la Chapelle-Basse-Mer ne produit point de titre d'inféodation et ne prétend même pas avoir été inféodée du droit de communer dans les 16 cantons de terrains vains et vagues qu'elle a mis en vente et qu'elle se borne à alléguer une possession immémoriale d'y pacager, qui ne saurait lui suffire, si ses adversaires justifient qu'ils ont été régulièrement inféodés du droit de communer dans les mêmes terrains.

Considérant que les aveux produits par les intimés maintiennent ceux qui les ont rendus dans le droit de faire paître et pâturer leurs bestiaux dans les communs et communautés étant au-dedans de la chatellénie, à cause des héritages qui en relevaient;

Que plusieurs de ces aveux, notamment celui du 24 juillet 1787, servi par Gallon, et celui du 26 juin 1758, représenté par Mathurin Tête-d'Oie, sont dûment rapportés, présentés, reçus et signés, et que l'omission de la signature du greffier au pied de la réception de l'aveu du 1.er juin 1713, ne suffit pas pour rendre suspecte cette réception, qui est par ailleurs régulière et signée du juge et du procureur fiscal.

(*Que, quoique ces titres soient étrangers à la commune de la Chapelle-Basse-Mer, ils doivent néanmoins faire foi contre elle, du moins jusqu'à la preuve contraire, soit à raison de leur ancienneté, soit à cause de la nature toute spéciale du droit qu'ils constatent*).

Considérants qui établissent que Jean Gallon et autres sont aux droits des individus qui figurent dans les aveux, et que les terrains mis en vente sont identiquement les mêmes que ceux pour lesquels les aveux ont été faits.

. . . . Qu'il est suffisamment démontré, ajoute la Cour, que les 16 cantons de communs en litige étaient compris dans l'enclave du fief de l'Épine-Gaudin, et font partie de ceux dont Jean Gallon et Mathurin Tête-d'Oie ont acquis la propriété par le fait de leur possession au mois d'août 1792, des héritages à raison desquels leurs auteurs s'étaient inféodés du droit d'y communer.

Considérant que toutes les terres sur lesquelles porte l'exercice de ce droit étant dans l'indivision, la copropriété desdits Tête-d'Oie et Gallon, paralyse les prétentions de la commune, pour la totalité de ces terres, et rend inutile, quant à elle, la discussion des titres des autres intimés;

La Cour. . . . . déclare la commune sans griefs, et ordonne, etc.

1.re Chambre Civile de la Cour Royale de Rennes. 21 juillet 1825.

Arrêt du 21 juillet 1825.

Entre les dames Derval, appelantes, et la commune de Saint-Domineuc, intimée.

Considérant qu'il est suffisamment appris par les enquêtes édifiées, qu'à l'époque de la promulgation des lois abolitives de la féodalité, le terrain litigieux était sous landes et bruyères, vain, vague et sans clôture.

Qu'il n'est représenté par les appelants aucun titre qui justifie qu'eux ou leurs auteurs aient acheté le terrain dont il s'agit, et que les différentes conditions exigées par l'article 10 de la loi du 25 août 1792, paraissent se réunir dans la cause pour autoriser la commune de Saint-Domineuc à en invoquer l'application.

Considérant d'ailleurs que la déchéance prononcée par l'article 9 de la même loi n'a été encourue que par les communes qui n'ont pas formé leur action en revendication dans les cinq ans de la promulgation de cette loi contre les ci-devant seigneurs qui étaient alors en possession des terres vaines et vagues; mais que cette déchéance demeure sans application dans l'espèce, où l'on voit qu'antérieurement à l'abolition du régime féodal, les habitants de la commune de Saint-Domineuc étaient en possession de passer sur la lande en question, d'y faire paître leurs bestiaux et d'y couper de la bruyère, circonstances qui, suivant les anciens principes admis en Bretagne, auraient été insuffisantes pour acquérir la possession utile d'un terrain vague et déclos; mais qui, dans le système des lois de 1792 et 1793, donnait véritablement à la commune de St.-Domineuc une possession de fait qui la dispensait d'exercer l'action en revendication vers l'ancien seigneur......

La Cour dit qu'il a été bien jugé, etc.

9 juin 1828.

1.re *Chambre de la Cour Royale de Rennes.*

9 juin 1828.

M. le Marquis de Coislin, Pair de France, appelant; 22 des ci-devant vassaux des fiefs de Longle et de Pont-Corhan, intimés.

Attendu, en droit, que l'art. 10 de la loi du 28 août 1792, a établi une législation particulière et spéciale pour les cinq départements de l'ancienne Bretagne, à laquelle il n'a point été dérogé par la loi générale du 10 juin 1793 qui, encore moins favorable aux ci-devant propriétaires de fiefs que les lois précédentes, a eu particulièrement en vue de rétablir les communes dans les biens communaux et de statuer sur le mode de partage de ces biens;

Attendu que cet art. 10 attribue exclusivement la propriété des terres vaines et vagues non arrentées, afféagées, ou accensées, aux ci-devant vassaux bretons qui, à l'époque de cette loi, étaient en possession du droit de communer, motoyer, etc., dans lesdites terres situées dans l'enclave ou le voisinage des anciens fiefs.

Attendu, en fait, qu'il n'est pas contesté que les intimés ou leurs auteurs étaient inféodés du droit de communer et pacager dans les landes enclavées dans les anciennes seigneuries de Longle et de Pont-Corhan dont elles dépendaient, et qu'ils ont toujours joui de ce droit.

Attendu que ces landes ont toujours été décloses, incultes et considérées comme vaines et vagues;

Que de ces faits, reconnus par les parties, il suit qu'aux termes précis et non équivoques de l'art. 10 précité, la possession de communer dans les terres vaines et vagues dont jouissaient les anciens vassaux de ces seigneuries, s'est convertie de plein droit, à leur profit, en un droit exclusif de propriété de ces mêmes terrains;

Attendu que l'appelant invoquerait en vain, à l'appui de ses prétentions, quelques dispositions de la loi du 20 avril 1791, car outre que l'art. 19 de la loi du 28 août 1792 déclare positivement qu'il est formellement dérogé aux lois antérieures, en tout ce qu'elles contiendraient de contraire aux dispositions du présent décret, il incomberait au marquis de Coislin d'administrer la preuve qu'il serait dans le cas de l'exception prévue par les articles 8 et 9 de cette loi de 1791, c'est-à-dire, qu'il avait pris possession publique de ces landes avant le 4 août 1789, et que cette possession avait les caractères voulus par l'art. 9 de la même loi;

Que l'appelant, en preuve de cette possession à titre de propriété exclusive et de la mise à profit de ces landes, ne peut se prévaloir d'en avoir afféagé quelques parties, d'avoir perçu des droits de pacage et d'en avoir affermé le panage, puisque tous ces actes n'étant exercés qu'en vertu de la puissance féodale, ne prouvent autre chose, sinon que le seigneur du fief, d'après la maxime reconnue en Bretagne, *nulle terre sans seigneur*, pouvait disposer des terres vaines et vagues situées sous sa seigneurie, et qu'enfin ces actes ne constituent pas la propriété exclusive et la mise à profit définies par ledit article 9.

Attendu que le marquis de Coislin, ne peut pas faire valoir, avec plus d'avantage, au soutien de la propriété dans laquelle il prétend avoir été maintenu, le procès-verbal d'estimation et d'arpentage de 1647, lequel prouve, à la vérité, que la seigneurie dont dépendaient ces landes fut assignée avec lesdites landes, pour remploi de propres aliénés à une veuve de Beaumanoir, représentée aujourd'hui par l'appelant, puisque ce titre ne constate nullément que ces landes aient été détachées de la seigneurie et concédées à cette veuve, à titre particulier, indépendant de tout droit féodal.

Par ces motifs, la Cour...... confirme la décision du tribunal de Savenay.

9 juillet 1828. *ARRÊT du 9 juillet 1828, rendu par la 1.re Chambre Civile de la Cour Royale de Rennes, entre les héritiers Desnétumières, appelants, et la commune de Saint-André-des-Eaux, intimée.*

. . . .

Considérant, sur la seconde fin de non recevoir, que l'art. 10 de la loi du 28 août 1792, qui forme un droit particulier pour la Bretagne, ne prononce aucune déchéance contre les communes; que, dans tous les cas, la déchéance dont parle l'art. 9 de la même loi, ne pourrait être opposée à une commune qui prouve avoir été en possession de communer avant la révolution, et qui, depuis cette époque, a continué les mêmes actes et a en outre payé les contributions pour le terrain contesté;

. . . .

Considérant au fond, que les titres produits par le sieur Desnétumières lui-même, prouvent que le lieu contesté était anciennement vague, déclos et inculte, puisqu'il y est désigné sous le nom de *défais*, *pâtis* du Besso, au sujet duquel les auteurs des appelants rendaient aveu à leur seigneur supérieur le comte de Laval; mais que cette inféodation du droit de communs, en vertu de laquelle les seigneurs Bretons avaient le droit de disposer des terres vaines et vagues, situées dans l'étendue de leurs fiefs, est un titre émané de la puissance féodale, annulé par la législation actuelle, concernant cette espèce de biens;

Considérant que les titres dont la commune a été

autorisée à argumenter...... portent au profit des habitants et sujets de la seigneurie, une concession du droit de communer sur les communs de ladite seigneurie, et notamment sur les plassus (terrain en litige); qu'il est prouvé par les enquêtes respectives que la généralité des habitants a usé constamment de ce droit, tant avant la loi du 28 août 1792, que depuis cette époque, en faisant paître les bestiaux dans toute l'étendue de ce terrain, et y ramassant les glands et les feuilles.

Considérant qu'il résulte également des mêmes enquêtes et des rapports d'experts que ce bien est actuellement inculte et n'a jamais été défriché; qu'il est traversé par des chemins; que les trottoirs et petits ponts nécessaires pendant l'hiver, pour maintenir les communications avec l'église paroissiale, ont été entretenus sans salaire par les habitants, à l'exception du pont du Besso, qui paraîtrait avoir été réparé aux frais des propriétaires de cette terre;

Considérant que la commune a toujours payé la contribution imposée sur les plassus, et que les titres et les actes énumérés ci-dessus, excluent toute idée d'une propriété privative au sieur Desnétumières;

Considérant que l'art. 15 de la loi du 28 août 1792 attribue aux communes, à l'exclusion des anciens seigneurs, les arbres existant sur les biens dont les communautés avaient ou recouvreraient la propriété; que dans l'espèce, les arbres réclamés subsidiairement par les appelants, en qualité de riverains, sont plantés sur un terrain communal et que leur situation le long d'un chemin qui traverse ce commun, n'apporte aucune modification aux droits de propriété de la commune.

. . . .

La Cour....... confirme les jugements du tribunal de Dinan....... et ordonne qu'ils sortiront leur plein et entier effet.

août 1827. *Arrêt rendu par la 1.re Chambre Civile de la Cour Royale de Rennes, entre le sieur Haentjens appelant et le sieur Lemarié intimé.*

Considérant que par les lois abolitives de la puissance féodale et des droits féodaux, et surtout par la loi du 28 août 1792, les communes ont été rétablies dans la propriété de tous les communs, frosts, etc., situés dans l'étendue de leur territoire; que tel est le droit commun de la France.

Considérant que si l'article 10 de la loi du 28 août 1792, porte une disposition exceptionnelle pour les cinq départements de la ci-devant province de Bretagne, en disant, etc...... Il ne s'ensuit pas moins que tant que les ci-devant vassaux ne font pas connaître leurs droits et ne réclament pas, la commune peut, en vertu du droit commun, vendre, disposer, aliéner toutes les terres vaines et vagues contenues dans l'étendue de son territoire : qu'ainsi en passant la vente dont il s'agit aux auteurs du sieur Haentjens, la commune de Nozay n'a fait qu'user d'une faculté qui lui était déférée par les lois.

. . . .

Considérant que cette vente n'a jusqu'ici été attaquée que par Lemarié, et que même depuis l'époque du 28 août 1792, aucun habitant ou ci-devant vassal autre que le sieur Lemarié n'a formé d'oppositions à la propriété et à la jouissance de la commune de Nozay et du sieur Haentjens.

Considérant que, d'après ses titres de propriété, le sieur Lemarié ou ses auteurs étaient en droit, ainsi que ses autres consorts, de communer aux landes, etc., lors de la loi du 28 août 1792; qu'ainsi, en vertu de cette loi, ce droit de communer s'est changé en droit de propriété, ce qui n'est pas contesté par l'appelant.

Mais considérant qu'il est contraire à tous les principes de prétendre qu'un seul de ces co-propriétaires puisse réclamer les portions de ses consorts, lorsque ceux-ci gardent le silence ; que la loi n'a donné à chacun qu'une portion de la propriété de la tenue de *Cestrais*, et dès-lors que le sieur Lemarié ne peut s'attribuer la totalité de cette lande. Qu'en vain il argumente de la nature *solidaire* de l'ancienne tenue de Cestrais : la solidarité n'existait que dans l'intérêt du ci-devant seigneur, pour le paiement de ses redevances ; mais la jouissance des vassaux était seulement indivise.

Considérant d'ailleurs qu'en conférant à chaque ci-devant vassal cette propriété indivise, la loi du 28 août 1792 n'a, en effet, donné à aucun des co-propriétaires le privilége de faire valoir et de s'approprier les droits de ses consorts dans le silence de ceux-ci, d'où il suit que, par l'effet de cette loi, d'où il tire tous ses droits, le sieur Lemarié n'a et ne peut réclamer qu'une portion dans la lande dont il s'agit en raison des terres cultivées qu'il a dans cette lande, et qu'il est sans qualité pour argumenter des droits de ses consorts, *d'autant plus que son contrat d'acquisition du* 28 *avril* 1821 *ne lui a transmis que la propriété d'une portion dans les landes dont il s'agit*, etc......

La Cour...... déclare que le sieur Lemarié n'est propriétaire que d'une portion indivise dans les communs et landes de la tenue de Cestrais du chef de ses auteurs, et qu'il est sans qualité pour réclamer dans l'intérêt et au nom des autres ci-devant vassaux qui ont gardé le silence, etc......

ARRÊT rendu par la 3.e *Chambre Civile de la Cour Royale de Rennes. Le sieur Haentjens appelant. — Jacques Crouseau et autres intimés.*

Considérant en droit que, par une disposition spé- 28 novembre 1828.

28 août 1792, article 16, attribue aux ci-devant vassaux, *de préférence aux communes*, la propriété *exclusive* des terres vaines et vagues situées dans l'enclave des fiefs dont relevaient ces vassaux, lorsque ceux-ci, à l'instant de la promulgation de la loi, se sont trouvés inféodés à titre onéreux, et en possession du droit de communer et pacager dans lesdites terres vaines et vagues;

Considérant en fait que les aveux et titres servis tant en première instance qu'en appel, en date, etc......, constatent que tous les vassaux propriétaires des héritages référés dans les aveux et l'égail étaient inféodés du droit de communer et pacager dans les terres vaines et vagues de la chatellenie de Nozay, et notamment dans celles situées dans l'enclave du fief de Launay-Hazard.

Considérant que ces aveux et égail, seuls titres que puissent avoir des ci-devant vassaux, eussent été obligatoires contre le ci-devant seigneur, et le sont conséquemment contre la commune et ses cessionnaires.

. . . .

Considérant que les maintiens ont été contestés et que dans l'état les 1.ers juges ont été en droit de permettre, d'informer et d'ordonner que des experts constateront les débornements allégués, etc. . . .

NOTA. *Il est nécessaire, pour avoir une parfaite intelligence de ces deux derniers arrêts, de consulter la 3.e note du n.o 35, à l'appendice. Je dois faire remarquer, relativement à celui du 27 août 1827, que le titre même présenté par le sieur Lemarié, prouvait l'inféodation d'un assez grand nombre d'autres anciens vassaux.*

FIN.

www.ingramcontent.com/pod-product-compliance
Ingram Content Group UK Ltd.
Pitfield, Milton Keynes, MK11 3LW, UK
UKHW021936200726
13855UKWH00007B/620